schweinchen
fundenes Ferkel, das wirklich
am Computer nachbearbeitet
niedlich ist. Manche ihrer Abenteu
sind recht witzig
der andere
Schätzchen

Hinweise auf **Mobile** Zusatzmaterialien finden sich im hinteren Teil des Buches.

Mobile 4

Lesebuch

westermann

Inhalt

Die Schatzinsel

Seit Tagen schon beobachten Jasmin und ich das alte Segelschiff im Hafen. Von der Mannschaft haben wir bisher noch niemanden gesehen und auch die Segel sind nicht gesetzt.
Wem das Schiff wohl gehören mag?
Eines Abends stehen wir kurz vor Sonnenuntergang wieder vor dem Schiff.
Plötzlich werden die Segel hochgezogen.
Jasmin sagt: „Guck mal, Florian, da sind überall Buchstaben auf den Segeln."
Wir entziffern gemeinsam die Botschaft.

Ob wir damit gemeint sind? Vorsichtig laufen wir über die Planke auf das Schiff. Was erwartet uns dort? Ein bisschen mulmig ist uns schon zumute.

Lösungen: Seite 191

Die Schatzkarte

Auf einmal stehen zehn verwegene Piraten vor uns:
„Endlich!“, ruft Kapitän Einhand. „Wir haben schon auf euch gewartet! Das hier ist die Schatzkarte, die wir gefunden haben.“
Jasmin und ich sind ganz aufgeregt. Eine richtige Schatzkarte, so etwas haben wir noch nie gesehen.

„Lass uns mit den Piraten auf Schatzsuche gehen!“, sage ich.
Auf geht’s zur großen Abenteuerfahrt.

Im Hafen Südostnordwest

Bald schon erreichen wir den Hafen Südostnordwest.
Was werden wir als Erstes finden?
Jasmin und ich rennen an Land und entdecken dort einen mit einem großen Stern in der Mitte.
Wir schauen ihn uns gut an.

„Jetzt weiß ich, welche Häfen wir nacheinander anlaufen müssen", sage ich.
„Und ich nehme unseren ersten Gegenstand mit an Bord", sagt Jasmin.

Lösungen: Seite 191

Im Hafen Doppelknoten

Wir nehmen Kurs auf den nächsten Hafen. Es dauert nicht lange, bis wir dort ankommen. Das Schiff wird festgemacht.
Jasmin und ich gehen ans Ufer. Was liegt denn da?
Wir finden ein sorgfältig aufgerolltes T und eine merkwürdige Botschaft im Sand. Was hat das zu bedeuten?

Ich schreibe die Botschaft ab und bevor wir unser zweites Fundstück auf das Schiff tragen, machen wir einen großen Probeknoten.

Im Hafen Fernundnah

Schon segeln wir in den dritten Hafen. Was werden wir hier finden? Wir gehen an Land. In einiger Entfernung sehen wir einen Mann, der auf einem Felsen steht und durch ein ✱ auf das weite Meer hinausblickt. Als er uns entdeckt, legt er es auf dem Felsen ab und läuft davon. Das Ding müssen wir uns genauer ansehen.

Schnell stecken wir es ein und verschwinden. An Bord sehen wir auf der Schatzkarte nach, ob die Höhle darauf abgebildet ist.

Lösungen: Seite 191

Im Hafen Schlagaufschlag

Wieder nehmen wir Kurs auf den nächsten Hafen. Das ist schon der vierte Hafen, in den wir einlaufen. Gerade als wir anlegen wollen, sehen wir, dass ein scharfes  im Bootssteg steckt.
Zu zweit versuchen wir es herauszuziehen, aber es gelingt uns nicht. Ein paar der Piraten kommen uns zu Hilfe. Wir tragen es an Bord und schauen es uns genauer an.

Diese Geheimschrift kommt mir bekannt vor.
Wo habe ich sie bloß schon gesehen?
Zum Glück erinnert sich Jasmin daran,
dass sie diese Zeichen auf der Rückseite
der Schatzkarte gesehen hat.
Schnell entschlüsseln wir die Botschaft.

Im Hafen Glasklar

Kaum sind wir im fünften Hafen angekommen, sieht Jasmin eine  auf dem Hafenwasser treiben. Sie schaukelt lustig vor sich hin. Wir fischen sie heraus. Innen befindet sich ein Zettel. Aufgeregt ziehen wir ihn heraus. Er ist etwas nass geworden. Hoffentlich können wir trotzdem lesen, was darauf geschrieben steht!

Bevor wir an Bord gehen, füllen wir sie am Brunnen randvoll mit Wasser.

Im Hafen Hochhinaus

Wieder stechen wir in See und steuern den nächsten Hafen an.
Zum Glück haben wir unseren Kompass, der uns sicher den Weg weist. Wir haben jetzt schon die Hälfte der acht Dinge gefunden.
Was erwartet uns noch alles?

An der Hafenmauer
lehnt eine alte ✱.
Darauf stehen Wörter.
Leider fehlen viele Buchstaben.

Es wird uns sofort klar, was wir mitnehmen müssen.
Da haben wir ganz schön zu schleppen.

Im Hafen Feuerundflamme

Es beginnt schon zu dämmern. Auf geht's in den vorletzten Hafen. Dort brennt ein großes Feuer. Die Fischer feiern ein Fest. Sie singen und tanzen und sie laden uns ein mitzufeiern. Jasmin entdeckt neben dem Feuer ein angebranntes Stück Papier. Um die Botschaft besser lesen zu können, geben uns die Fischer zwei brennende .

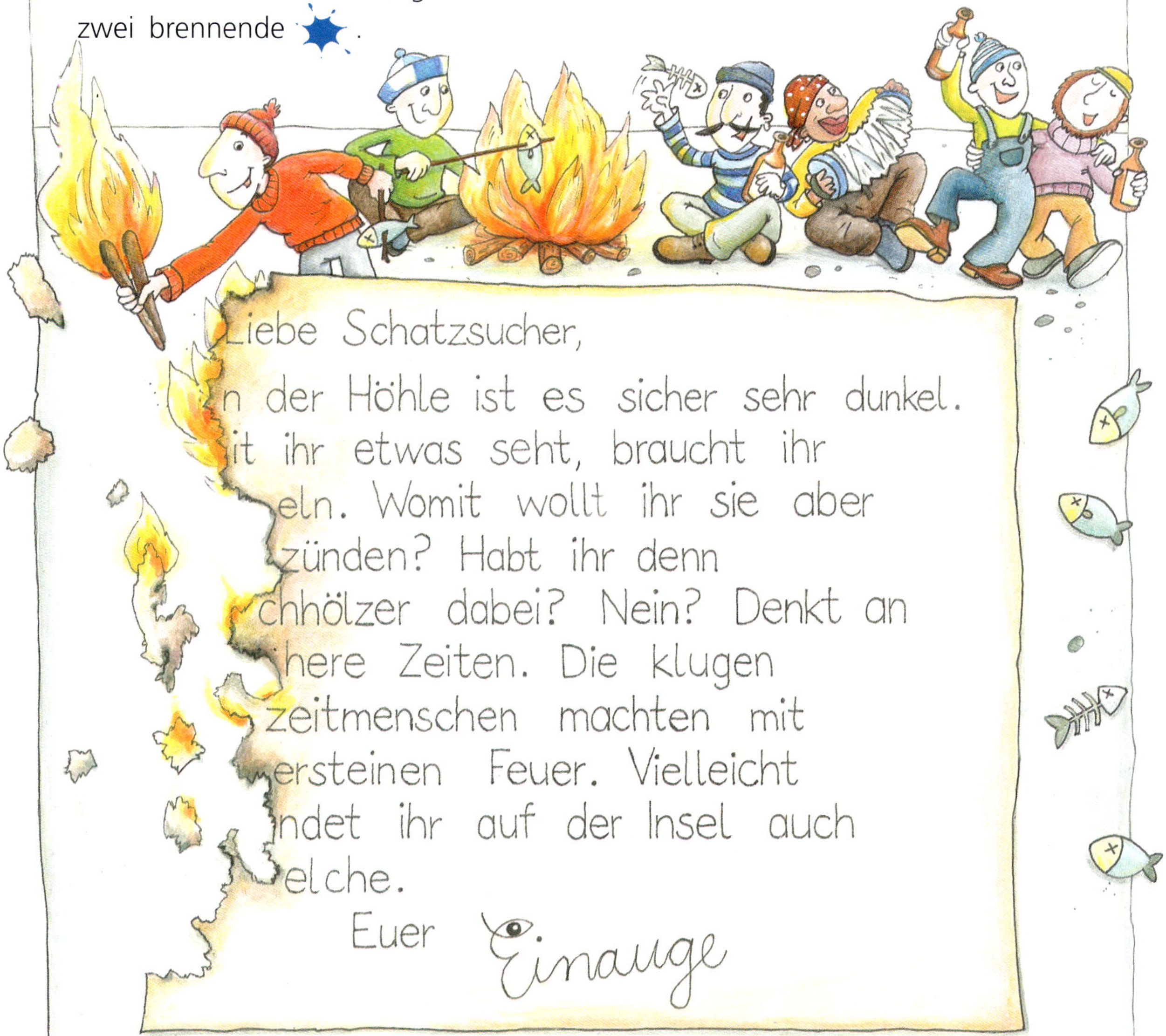

Mit der Botschaft und unserem siebten Gegenstand gehen wir durch die Dunkelheit zurück zum Schiff.

Lösungen: Seite 191

Im Hafen Langundbreit

Nach einer Nacht auf dem Schiff beginnt nun der Endspurt, denn der letzte Hafen liegt vor uns. Bald können wir endlich den Schatz suchen. Wir legen im Hafen an.
Als wir über die Planke an Land rennen, sehen wir einen Schiffsbauer, der ein Brett mit einem abmisst. Als er damit fertig ist, drückt er mir wortlos das Ding in die Hand und geht.
Jasmin schaut mir über die Schulter und liest.

Jetzt gehen wir an Bord und messen eine Schnur ab.

Die Schatzinsel

Ein letztes Mal werden die Segel gesetzt. Kurs: Norden, immer nach Norden. Wann sind wir endlich da? Wann werden wir den Schatz finden? Wir können es kaum noch erwarten. Endlich sehen wir eine Insel im Meer. Nein, es sind drei Inseln. Schnell holt Kapitän Einhand eine alte Seekarte aus einer Truhe. Auf ihr finden wir die Namen der drei Inseln. Aber auf welcher Insel ist der Schatz versteckt?

Wir überlegen lange, aber wir haben keine Idee, wie wir die richtige Insel finden sollen. Enttäuscht betrachten wir noch einmal unsere gesammelten Gegenstände.
„Ich hab's!", ruft Jasmin. „Die Namen der acht Dinge!"
Ich schreibe jeden Namen auf einen Streifen. Dann legen wir die Streifen in der Reihenfolge untereinander, in der wir die Gegenstände gefunden haben.
Wir verschieben die Streifen so lange, bis wir plötzlich von oben nach unten gelesen den Inselnamen entdecken.

Lösungen: Seite 191

Der Schatz

Erleichtert steuern wir die Schatzinsel an. Ob die Golddukaten noch da sind? Bevor wir anlegen, halten wir mit dem Fernrohr Ausschau nach der Sansibarbande. Sie ist nirgends zu sehen. Also werfen wir den Anker aus und befestigen unser Schiff mit dem Tau an der Palme. Wir machen so viele Knoten, wie wir können. Dann klettern wir auf die Palme und suchen mit dem Fernrohr die Höhle. Tatsächlich sehen wir nun auch den Wald, die steile Felswand und schließlich die Höhle. Am Strand sammeln wir ein paar Feuersteine.
Der Kompass hilft uns, immer in Richtung Norden zu gehen. Wir kommen durch den dunklen Wald, wo uns unheimliche Geräusche von allen Seiten begleiten. Ob das die Sansibarbande ist?
Hoffentlich sind wir bald am Fluss, denn dann haben wir sie abgehängt.

Am Ufer angekommen, fällen wir mit dem Beil ein paar Bäume. Es ist heiß und wir schwitzen gewaltig. Das Wasser aus der Flasche tut gut. Endlich ist unser Floß fertig und wir überqueren damit den Fluss. Am anderen Ufer angekommen, sehen wir schon bald die Höhle.

Nun hält uns nichts mehr. Wir rennen so schnell wir können auf die steile Felswand zu. Mit der Leiter gelangen wir nach oben an den Eingang der Höhle. Mit Hilfe der Feuersteine entzünden wir die Fackeln, sodass wir in der dunklen Höhle etwas sehen können. Ganz schön gruselig! …

1. Was erwartet Jasmin und Florian in der Höhle?
2. Wozu brauchen sie die restlichen Gegenstände noch?
3. Finden sie den Schatz?

Ich – du – wir

Józef Wilkon, Zwei Freunde, 1995

Seite 173

Zwei Freunde

„Wie gefallen dir die Erde und die Luft?“, fragte der Vogel.
„Toll, fantastisch! Und du? Wie gefällt es dir unter Wasser?“, fragte der Fisch.
„Fabelhaft, fabelhaft!“, antwortete der Vogel.
Sie schauten sich an. Die zwei Freunde merkten, dass sie beide gelogen hatten um dem anderen zu gefallen, und sie begannen zu lachen.

Der Fisch sagte: „Aber auch wenn mir deine Welt nicht sehr gefällt, mit dir zusammen würde es mir an jedem Ort gefallen.“
„Mir geht es genauso!“, lachte der Vogel.
Und sie beschlossen, gemeinsam die ganze Welt, Meere und Seen, Flüsse und Bäche, Berge und Täler, Wüsten und Dschungel zu bereisen.

Paz Rodero

Unsere Reise zum Meeresgrund

Mein Freund, der Fisch, wollte mir die Unterwasserwelt zeigen und wir flogen zuerst zum Strand. Dort ...

Unsere Reise durch den Dschungel

Gemeinsam machten mein Freund, der Vogel, und ich uns auf den Weg ...

Seite 171

Bester Freund – beste Freundin

Meiner besten Freundin kann ich alle meine Geheimnisse anvertrauen.

Yassemin

Mein bester Freund mag die gleichen Dinge wie ich.

Daniel

Wenn meine Freundin traurig ist, versuche ich sie zu trösten.

Antonia

Ich habe mich mit meiner besten Freundin gestritten. Hoffentlich vertragen wir uns bald wieder.

Julia

Wenn ich Hilfe brauche, ist mein Freund immer für mich da.

Sedat

Ich habe gedacht, dass er mein Freund ist, aber er hat mich nur ausgenutzt.

Michèle

Ich habe das Geheimnis von meinem Freund verraten. Jetzt ist er total sauer und redet nicht mehr mit mir.

Max

Peanuts

Charles M. Schulz

Ein rotes Herz, ein blauer Schmetterling

Alva weiß noch genau, dass es der Valentinstag war, an dem Filippa auf die Idee mit den Herzen gekommen ist. „Schließlich ist das der Tag der Verliebten", hatte sie gesagt, „also sollte man sich da auch verlieben."

Love starrt auf das rote Stück Papier, das mit dem Schreibheft aus seinem Rucksack aufgetaucht ist. Ein Herz. Auf dem Herz steht etwas in Großbuchstaben. „ICH LIEBE DICH." Kein Name darunter. Er dreht das Herz schnell um. Auf der Rückseite steht: „Liebst du mich?" Auch dort kein Name. Love schiebt das Herz unter das Heft und schielt zu Danne. „Er hat doch hoffentlich nichts gemerkt? Das wäre sehr peinlich", denkt Love. Aber Danne ist mit etwas beschäftigt, das er unterm Tisch in der Hand hält. Vorsichtig beugt Love sich ein wenig zur Seite, damit er sehen kann, was es ist. Ein rotes Herz, genauso eins wie seins.

Love spürt, dass ihn jemand anschaut. Er dreht den Kopf und begegnet Filippas Blick. Filippa? Ist das Herz von ihr? Aber Filippa wendet den Blick ab, kichert und stößt Alva in die Seite.

Alva ist knallrot. Filippa flüstert ihr etwas zu und Alva legt die Hände vors Gesicht, als wollte sie sich verstecken.

Alva. Von ihr ist es. Love fühlt, dass seine Wangen brennen. Alva.

Es ist ein Gefühl, als müsste sie explodieren. Als sie sah, wie Love das Herz fand, hat sie es sofort bereut. Warum macht sie dauernd, was Filippa sagt? Wenn Filippa wenigstens aufhören würde Danne und Love so anzustarren.

Jetzt wird Love bald verstehen, dass das Herz von ihr ist. Dann erzählt er es den anderen Jungen in der Klasse und die werden über sie lachen. Die Mädchen auch, jedenfalls Jossan und Nathalie.

Ihre Wangen brennen. Sie schüttelt den Kopf, sodass ihr die Haare wie eine Gardine vors Gesicht fallen. Unter dem Schutz kann sie in Loves Richtung spähen.

Das rote Herz kann sie nicht sehen. Schön. Vielleicht war es ihm egal. Filippa lächelt und schielt aus den Augenwinkeln zu Danne. So was nennt man wohl flirten. Alva wirft nur einen hastigen Blick zu Dannes und Loves Tisch. Sie sieht, dass Danne zurückflirtet. „Danne und Filippa kommen bestimmt zusammen", denkt Alva. „Aber Love und ich nicht. Niemals."

„Liebe", denkt Love, „was bedeutet das? Ich liebe dich." Die einzige, die das zu ihm gesagt hat, ist Mama. Love hat einen Kloß im Magen. Aber merkwürdigerweise ist er gleichzeitig froh. Froh und ein bisschen kribbelig, wie am Tag vor seinem Geburtstag. Irgendetwas geschieht. Aber er weiß nicht, was.

Alva will in der Pause nicht hinaus. Sie möchte am liebsten verschwinden, unsichtbar werden, sich in Rauch auflösen. Sie möchte die Zeit auf gestern zurückdrehen, wie man einen Film im Videogerät zurücklaufen lässt. Wenn heute gestern wäre, würde sie kein albernes Herz ausschneiden und es auf keinen Fall in Loves Rucksack stecken. Egal, was Filippa sagen würde.
„Nun komm schon", sagt Filippa und zerrt an Alvas Arm. „Komm, wie gehen raus."
Alva rührt sich nicht. „Beeil dich!", nörgelt Filippa. „Jetzt müssen sie es uns doch sagen. Ob sie mit uns zusammen sein wollen oder nicht."

Love sieht Alva und Filippa durch die Tür kommen. Er sieht, dass sie auf der Treppe stehen bleiben und dass Filippa sich umsieht. „Kommst du heute nach der Freizeit mit zu mir nach Hause?", fragt Danne. „Ich hab' ein neues Computerspiel gekriegt, das können wir ausprobieren."
„Geht nicht", sagt Love. „Hoppsan ist krank. Vielleicht müssen wir zum Tierarzt fahren." „Wie blöde", sagt Danne, aber Love weiß, dass er nicht versteht, wie Love sich fühlt. Danne hat kein Tier und wünscht sich auch keins. Über die Herzen, die in ihren Rucksäcken gewesen sind, haben sie nicht gesprochen.

Danne entdeckt die Mädchen auf der Treppe. Er sieht Filippa an und sie sieht ihn an. Alva guckt zu Boden, als ob sie etwas verloren hätte. Danne stößt Love einen Ellenbogen in die Seite. „Sie mag mich", sagt er, „Filippa."

„Und magst du sie?", murmelt Love. Danne nickt.

„Ich …", sagt Love, „ich glaub', dass ich auch …, ich meine, …"

Danne hört gar nicht hin. Er geht auf die Treppe zu. Love folgt ihm und geht auf Alva zu.

Alva sieht die beiden auf sich und Filippa zukommen. Sie will fliehen, die Tür aufreißen und im Schulgebäude verschwinden, so weit weg wie möglich. Aber ihre Winterstiefel sind wie festgeklebt auf den Steinen.

Danne und Love kommen näher. Filippa wirft Alva einen triumphierenden Blick zu. „Jetzt kommen sie", flüstert sie. Als ob Alva das nicht bemerkt hätte!

Danne geht voran, Love einen Schritt hinter ihm. Näher und näher kommen sie. Jetzt hat Danne die Treppe erreicht. Jetzt steigt er sie hinauf und bleibt eine Stufe unterhalb von Filippa und Alva stehen. Love bleibt eine weitere Stufe darunter stehen.

„Tja", sagt Danne. „Hej", sagt Filippa.

Das ist das Einzige, was Alva hört. Sie sieht, dass sich Dannes und Filippas Münder bewegen, und sie hört, dass sie reden, aber sie versteht die Wörter nicht. Plötzlich ist es, als ob sie in ein fremdes Land geraten wäre, dessen Sprache sie nicht versteht. Sie hält den Atem an und wartet darauf, dass es vorbeigeht, dass die Pause zu Ende ist. Sie guckt immer noch auf ihre Füße, auf die Stiefel, die an den Spitzen abgeschabt sind.

Alva versteht nicht, wie es zugegangen ist, aber plötzlich hebt sie den Blick. Sie schaut Love an, der zwei Stufen unter ihr steht. Mitten in seine braunen Augen schaut sie. Im selben Moment weiß sie es. Da ist gar nichts, wovor sie sich fürchten muss.

Love hört die Wörter, die zwischen Danne und Filippa hin- und herhüpfen wie Pingpongbälle. Während sie reden, sieht er Alva an. Sie starrt hartnäckig auf ihre Füße.

„Sie mag mich nicht“, denkt Love. Sie bereut es, dass sie mir das Herz gegeben hat. Er sollte weggehen. Oder sich an dem Gespräch zwischen Danne und Filippa beteiligen. Alva einfach stehen lassen, wenn sie es so will. Er ist fast sauer auf sie. Als ob sie ihn reingelegt hätte.
Da hebt sie den Blick und schaut ihn an. Genau in seine Augen.
Im selben Moment weiß er es.
Es gibt gar nichts, weswegen er sauer sein müsste.

Sie fühlt sich leicht wie ein Luftballon. Ein Glück, dass die Stiefel sie immer noch festhalten, sonst würde sie abheben und davonfliegen.
Sie hat Lust zu lachen, ohne Grund.
„Ich hab’ dein Herz gekriegt“, sagt Love.
„Das war doch von dir?“
„Ja“, sagt Alva. „Ja, das war es.“
„Gut“, sagt Love, „dass es von dir ist, mein’ ich.“
„Sind wir jetzt zusammen?“, fragt Alva.
„Ja“, antwortet Love. „Ja, das sind wir.
Wenn du willst?“
„Das will ich“, sagt Alva.
Dann ist die Pause vorbei und sie müssen hinein.

Annika Thor

Überprüfe diese Aussagen mit passenden Textstellen:
1. Danne ist beschäftigt und hat nichts bemerkt.
2. Love ist fast sauer auf Alva.
3. Alva fühlt sich leicht wie ein Luftballon.

Seite 161 Seite 171 Seite 177

Mein Steckbrief

Ich heiße Lisa.
Ich bin zehn Jahre alt und gehe in die 4. Klasse.

Mein Sternzeichen: Löwe

Meine Lieblingsschulfächer: Deutsch und Musik

Mein Lieblingsbuch: **Die wilden Hühner**
von Cornelia Funke

Meine Hobbys: Reiten, Inliner fahren,
meine Meerschweinchen Freddy und Milly

Mein Lieblingsfilm: School of Rock

Mein Lieblingsgericht: Pizza Salami

Meine Lieblingsnascherei: Stracciatella-Eis

Was ich gut kann: singen, tanzen
und Computerspiele

Was ich nicht leiden kann: Angeberei
und andere verpetzen

Das will ich werden: Tierärztin

Mein allergrößter Wunsch: ein eigenes Pferd

Seite 163

Über mich

Hallo, ich bin Adrian. Ich wurde in Berlin geboren. Im Alter von 4,5 Jahren habe ich mit Judo angefangen. Meine erste Gürtelprüfung zum 8. Kyu[1] hatte ich mit fünf Jahren. Jetzt bin ich Mitglied im Polizei-Sport-Verein Berlin. Ich trainiere 3-mal pro Woche und besitze mittlerweile den 3. Kyu (grüner Gürtel).

Meine größten sportlichen Erfolge: 2. Platz Berliner Meisterschaft, 1. Platz Berliner Einzel-Meisterschaft

Meine Hobbys: Judo, basteln, malen, Playstation spielen, Inlineskater fahren, Zeichentrickfilme anschauen und meine Tiere. Mein Freund Alexander und ich haben eine Homepage über uns und unseren Sport gemacht. Sie heißt „Judobrothers“.

mein Verein

Wenn man bei www.blinde-kuh.de nach **Kinderhomepages** suchen lässt, bekommt man viele weitere Adressen von Homepages, die Kinder selbst gestaltet haben.

---

[1] **Kyu** sind Leistungsstufen im Judo von 9 bis 1. Für jede Stufe gibt es eine eigene Gürtelfarbe.

Seite 159

Berufe

Ich möchte gerne Astronaut werden, weil man dann schwerelos ist und mit einer Rakete fliegen kann. Es ist auch schön, die Welt von oben zu sehen, dann hat man ein anderes Gefühl für die Welt.

Jannis

Mein Traumberuf

Ich möchte Architektin werden. Mir gefällt an dem Beruf, dass man viele Pläne für Häuser (zum Beispiel Hochhäuser, Doppelhäuser und normale Häuser) machen kann. Meine Freundin hat einen Vater. Der ist Architekt und hat sein Büro in unserer Straße.

Lotti

Ich möchte gerne Reitlehrerin werden, weil ich Pferde sehr gerne mag und dann viel mit Pferden zu tun habe. Ich bringe Kindern das Reiten und den Umgang mit Pferden bei.

Marie

Mein Traumberuf ist Tierforscher. Ich habe jetzt schon Fische und möchte gerne herausbekommen, ob es noch Tiere gibt, die unerforscht sind. Ich möchte auch wissen, ob das stimmt, was in den Büchern steht. Außerdem will ich, dass seltene Tiere nicht aussterben, wie zum Beispiel Pandabären.

Nils

Ich möchte gerne Archäologe werden, weil man dann viel herumreist und viele Sachen, die ganz alt sind, aus der Erde gräbt.

Daniel

Ich möchte gerne Kinderärztin werden. Dann kann ich später meinen Kindern helfen, wenn sie krank sind. Ärztin will ich auch werden, weil ich meine Mutter immer verarztet habe, wenn sie krank war.

Nina

Aus dem Leben eines Musikers

Mein Name ist Andreas Bär. Ich bin Musiker von Beruf. Viele Musiker bekommen schon als kleines Kind Unterricht, damit sie ein Instrument spielen lernen. Bei mir war das nicht so. Mein erstes Instrument war eine Mini-Mundharmonika, die mir meine Oma schenkte. Damals war ich in der Grundschule. Außerdem habe ich immer viel auf der Heim-Orgel meines Vaters gespielt. Zwischen 11 und 12 Jahren habe ich angefangen Gitarre zu lernen. Etwas später habe ich durch Zufall Jazz-Musik kennen gelernt. Ich habe mir auf dem Kassettenrekorder immer wieder die gleichen Stücke angehört.

Von einem Instrument war ich ganz besonders begeistert: dem Saxophon. Alles Geld habe ich gespart, das ich zur Konfirmation und für Pfandflaschen bekam, die ich am Nachmittag sammelte. Dann konnte ich mir meinen Traum vom eigenen Saxophon erfüllen. Mit 18 Jahren habe ich dann auch noch angefangen Trompete zu spielen. Nach der Schule wollte ich eigentlich Bildhauer werden, aber dann bewarb ich mich in Holland an einer Musikakademie. Ich bestand die Aufnahmeprüfung. Es war allerdings gar nicht so einfach zu studieren: Ich musste Studiengebühren bezahlen und dafür arbeiten gehen.

Auf dem Foto seht ihr meinen Schüler Jakob. Er ist 10 Jahre alt. Sein erstes Instrument war die Blockflöte. Wenn man ein Blasinstrument lernen will, bietet die Blockflöte einen guten Einstieg. Für das Saxophon muss man schon etwas größer sein.

Hier habe ich einen Auftritt mit meiner Band.

Heute spiele ich wieder Saxophon. Was mich an der Musik so begeistert, ist, wie sie auf Menschen wirkt, die sie hören. Manchmal, wenn ich Musik höre, entstehen Bilder in meinem Kopf. Eine ganze Welt wird durch die Töne lebendig. Das möchte ich mit meiner Musik auch gerne schaffen.
Zur Zeit habe ich mehr als 20 Schüler, denen ich beibringe, Saxophon zu spielen. Im Sauerland unterrichte ich in einem Bläserverein die Nachwuchs-Musiker. Außerdem schreibe ich selbst Musikstücke. Ich komponiere zum Beispiel Musik für Filme. Wenn diese im Fernsehen laufen, dann bekomme ich für meine Musik Geld von der GEMA[1]. Bei der GEMA arbeiten Leute, die aufpassen, wessen Musikstücke wann und wo im Radio oder Fernsehen gespielt werden. Die Radio- und Fernsehsender müssen dafür dann Gebühren zahlen.
Ich schreibe auch Musikstücke für die Bands, in denen ich spiele. Seit einigen Jahren arbeite ich an einem Opern-Stück. Aber das ist noch nicht fertig.

Manchmal wünsche ich mir einen Tagesablauf wie ihn andere Leute haben, die von 8.00 Uhr bis 16.00 Uhr arbeiten gehen. Ich muss oft abends arbeiten. Proben kann ich auch nicht immer, wann ich möchte, weil ich ein sehr lautes Instrument spiele. Aber ich bin gern Musiker.

Andreas Bär

---

[1] **GEMA** heißt: Gesellschaft für musikalische Aufführungs- und mechanische Vervielfältigungsrechte

Seite 157

Die Woche einer Bibliothekarin

„Wo finde ich ein Buch über **Indianer**?" „Gibt es schon das neue Computerspiel zu **Harry Potter**?" „Wann erscheint das neue **Geolino**?" „Worum geht es in **Herr der Diebe**?" Diese und noch viele andere Fragen werden an eine Bibliothekarin gestellt. Natürlich muss sie nicht alle Antworten auswendig wissen. Es kommen ständig viele neue Bücher und andere Medien auf den Markt, sodass es unmöglich ist, alles selbst gelesen oder ausprobiert zu haben. Trotzdem kann sie Auskunft darüber geben, worum es in den verschiedenen Büchern geht und für welches Alter die Computerspiele geeignet sind. Mit dem Computer kann sie recherchieren[1], ob es ein Buch überhaupt gibt, ob das Buch auch als Film auf Video oder DVD vorliegt, ob es ein Hörbuch oder auch ein Computerspiel dazu gibt. Eine Bibliothekarin kann während ihrer Arbeitszeit nicht in Büchern lesen oder neue Computerspiele ausprobieren. Sie hat dafür gar keine Zeit, denn sie hat viele verschiedene Aufgaben:

Sie muss neue Medien wie Bücher, Filme, DVDs, CDs, Computerspiele und Zeitschriften bestellen, damit der Bestand der Bibliothek immer aktuell ist. Wenn diese neuen Medien geliefert werden, müssen sie inventarisiert werden. Das bedeutet, dass jedes Buch, jede CD usw. eine Nummer bekommt. Damit man weiß, wo dieses Buch oder die CD steht, werden sie in einen Katalog aufgenommen, der dann von jedem Bibliotheksbenutzer auf dem Computer eingesehen werden kann. Dieses nennt man katalogisieren.

Zeitschriften, Computerspiele, Bücher und Filme, die nicht mehr ausgeliehen werden, alt oder beschädigt sind, werden aussortiert und aus dem Katalog gestrichen. Außerdem organisiert die Bibliothekarin Veranstaltungen wie Autorenlesungen, Ausstellungen, Bücherflohmärkte, Vorlesenachmittage und Führungen für Schulklassen.

[1] **Recherchieren** bedeutet sich genau über etwas zu informieren, um Bescheid zu wissen.

So kann eine Woche im Kalender einer Bibliothekarin aussehen:

Dienstag	Mittwoch	Donnerstag	Freitag	Samstag
10.00 Führung mit 2c	9.00 Rallye mit 4a	9.00 Führung mit 2d	9.00 telefonieren mit Verlagen: Autor für nächste Lesung finden	
ab 11.30 Eintrittskarten verkaufen	11.00 Rallye mit 4d		12.30 Führung mit 3a	ab 11.00 Bücher-flohmarkt
	15.00 Vorlesenachmittag	15.30 Bilderbuchkino		

In den Kalender trägt sie nur besondere Termine ein. Ansonsten betreut sie die Informationstheke, plant und organisiert Rallyes für Schulklassen, sortiert zurückgebrachte Bücher ein und stellt Bibliotheksausweise aus.
So kann eine gelöste Aufgabenkarte einer Bibliotheksrallye für die vierte Klasse aussehen:

? Bibliotheksrallye ? Lena

1. Wie heißt die Autorin von „Ronja Räubertochter"?
   Astrid Lindgren
2. Welche Nummer hat das Buch im Computerkatalog?
   KLA 3491
3. Welche anderen Medien findest du zu Ronja Räubertochter?
   - den Film auf DVD und auf Videokassette
   - das Buch zum Film
   - ein Computerspiel auf CD-ROM
4. Schreibe auf, wo du die Medien gefunden hast.

Seite 155

Mein Arbeitstag als Pilotin

Als Flugzeugpilotin beginne ich meinen Arbeitstag zu ganz unterschiedlichen Zeiten, je nachdem, wann mein Flugzeug starten soll. Am Flughafen treffe ich ungefähr eine Stunde vor Abflug meine Crew, das sind die Kollegen, mit denen ich an diesem Tag fliegen werde.
Zur Crew eines Flugzeugs gehören immer eine Pilotin oder ein Pilot, eine Kopilotin oder ein Kopilot, mehrere Flugbegleiterinnen oder Flugbegleiter.
Im Crew-Raum bekommen wir alle Informationen, die wir für unseren Flug brauchen:

- den Zielflughafen und einen Ausweichflughafen,
- den Flugplan,
- die aktuelle Wetterauskunft,
- die Tankfüllung und Spritberechnung.

Unsere Besprechung dauert ungefähr eine halbe Stunde und heißt in der Fachsprache Cockpit-Breefing.

Eine halbe Stunde vor dem Start steigen wir in das Flugzeug.
Die Flugbegleiterinnen bereiten die Kabine für die Passagiere vor.
Der Kopilot und ich müssen im Cockpit zuerst alle Systeme überprüfen.
Anschließend geben wir die Daten des Flugplans in den Bordcomputer ein: Standort, Flugweg und Landeort des Flugzeugs. Zur gleichen Zeit besteigen die Passagiere das Flugzeug und die Flugbegleiter zeigen ihnen ihre Plätze.
Wenn der Tower[1] mir die Rollerlaubnis erteilt hat, kann ich das Flugzeug langsam zur Startbahn rollen lassen. Dort angekommen, frage ich nach der Starterlaubnis. Sobald der Tower mir die Erlaubnis erteilt, kann ich losfliegen. Fünf Sekunden nach dem Start fahre ich das Fahrwerk ein und aktiviere den Autopiloten[2]. Wenn das Flugzeug auf seiner Flughöhe angekommen ist, habe ich Zeit, die Passagiere zu begrüßen. Ich teile ihnen mit, welche Route wir fliegen, wie lange der Flug dauern wird und in

---

[1] **Tower** ist der Kontrollturm eines Flughafens. Man spricht „Tauer".
[2] **Autopilot** ist ein Computer, der das Flugzeug automatisch steuert.

welcher Höhe wir fliegen. Auch wenn der Autopilot das Flugzeug steuert, hat eine Pilotin keine Pause. Während des Fluges muss ich ständig alle Systeme, die Flugroute und viele verschiedene Kontrolllämpchen überwachen. Das Wetter ist für mich als Pilotin besonders wichtig, damit ich richtig reagieren kann, wenn sich die Wetterlage ändert. Deshalb bekomme ich ständig während des Fluges per Funk die aktuellen Wetterangaben übermittelt.
Habe ich die Landeerlaubnis vom Tower erhalten, beginnt der Landeanflug. Bei gutem Wetter lande ich das Flugzeug meistens selbst. Bei schlechtem Wetter setze ich den Autopiloten ein.
Während des Landeanflugs verringere ich die Geschwindigkeit und fahre das Fahrwerk aus, dann die Landeklappen. Hat das Flugzeug Kontakt mit dem Boden, beginne ich mit dem Bremsen.
Nach der Landung rolle ich das Flugzeug zum Gate und verabschiede die Passagiere. Jetzt mache ich erst mal eine Pause.

Originalbeitrag

Ausbildung zum Piloten

Voraussetzungen:
- Alter: zwischen 17 und 27 Jahre
- Größe: zwischen 1,65 m und 1,95 m
- Sprachkenntnisse: Deutsch und Englisch
- Gute Kenntnisse in Mathematik und Physik

Theoretische Ausbildung:
- Fächer: Technik, Aerodynamik, Navigation, Meteorologie

Praktische Ausbildung:
- Flugunterricht in kleinen einmotorigen Flugzeugen
- Flugunterricht in Flugsimulatoren
- Arbeit als Kopilot/Kopilotin in kleinen Verkehrsflugzeugen

Dauer der Ausbildung:
- zwei Jahre

Seite 155 Seite 159 Seite 163

Robbi, Tobbi und das Fliewatüüt

Tobbi geht zwar noch zur Schule, aber er ist schon ein richtig guter Erfinder. Seine neueste Erfindung ist das Fliewatüüt, ein Fahrzeug, das fliegen sowie im Wasser und auf der Straße fahren kann. Im Moment sind Sommerferien, aber Tobbi muss wegen einer Erkältung bei seiner Tante in Tütermoor im Bett liegen.

Die Pläne für das Fliewatüüt waren fix und fertig, schon seit vierzehn Tagen. Aber sie mussten noch überprüft werden. Das tut jeder gute Erfinder, bevor er mit dem Bau beginnt. Tobbi holte also die Konstruktionspläne aus der Nachttischschublade, denn er hatte sie selbstverständlich mit nach Tütermoor genommen. Eine Überprüfung konnte er auch im Bett erledigen. Er stopfte sich ein Kissen in den Rücken, stellte die Knie hoch und lehnte den Zeichenblock dagegen. Bleistift, Buntstifte und Radiergummi legte er griffbereit auf die Nachttischplatte, – falls irgendeine Änderung nötig werden sollte.

Als Nächstes bildeten sich die berühmten „Erfinderfalten" auf seiner Stirn. Das sind besondere Falten, die nur auf Erfinderstirnen vorkommen. Und auch da nur bei guten Erfindern. Sie verlaufen waagerecht – nicht senkrecht! Außerdem sehen sie noch besonders pfiffig aus und sind besonders schön geschwungen. Etwa wie ein ausgebreiteter Möwenflügel.

Und dann machte Tobbi sich an die Arbeit.

Der Rumpf des Fliewatüüt sah aus wie ein Hühnerei, das hinten ein wenig zugespitzt war. Das war sehr windschnittig und windschnittige Rümpfe sind besonders günstig. Man nennt es auch „stromlinienförmig".

Das Fliewatüüt war zweisitzig. Die beiden Piloten saßen in einer Öffnung im vorderen Drittel des Rumpfes. Die Öffnung hatte vorn eine gebogene Windschutzscheibe und hinten ein Klappverdeck, genau wie bei einem Kabriolett, falls es unterwegs einmal regnen sollte.

Rechts und links von den Sitzen waren die wasserdichten Türen zum Ein- und Aussteigen. Wasserdicht mussten sie sein, weil das Fliewatüüt ja auch ein Schwimmfahrzeug war. Der Rumpf sollte blau, vielleicht aber auch feuerrot angemalt werden. Die Farbe stand noch nicht so genau fest.

„Der Rumpf ist in Ordnung. Daran brauche ich nichts zu ändern“, murmelte Tobbi vor sich hin. Er wollte gerade mit der Inneneinrichtung beginnen, – da kam Tante Paula durch die Tür. Mit einem Tablett, auf dem eine Tasse Kamillentee stand. Er dampfte noch.

Boy Lornsen

In der Nacht bekommt Tobbi überraschenden Besuch. Im Garten seiner Tante steht sein Fliewatüüt, fertig gebaut und bereit zum Start in eine abenteuerliche Reise.

1. Warum liegt Tobbi im Bett?
2. Was heißt „stromlinienförmig“?
3. Was bedeutet der Name „Fliewatüüt“?

Seite 155

Geheimnisse der Wüste

Quint Buchholz, 1997

Morgen geht es los nach Timbuktu.
Wir reiten 52 Tage durch die Wüste.
Ich bin schon sehr aufgeregt. Vorsichtig
steige ich mit meinem Fernglas die
blaue Treppe hoch ...

Simon

Seite 173

KARAWANE

jolifanto bambla ô falli bambla
grossiga m'pfa habla horem
égiga goramen
higo bloiko russula huju
hollaka hollala
anlogo bung
blago bung
blago bung
bosso fataka
ü üü ü
schampa wulla wussa ólobo
hej tatta gôrem
eschige zunbada
wulubu ssubudu uluw ssubudu
tumba ba- umf
kusagauma
ba - umf

Hugo Ball

KARAWANE

karamello trambla u trambla
hockeera hiji u heje
hoppala hoppaka
stampfa stumpf
stampfa stumpf

Marie

Seite 165

Wüsten

Was ist eine Wüste?

Unter dem Einfluss von Wind, Hitze und Frost entstehen verschiedene Wüstenlandschaften. Man nennt ein Gebiet Wüste, wenn dort im ganzen Jahr nur zwischen 0 mm und 250 mm[1] Regen fallen. In Deutschland fallen ungefähr 800 bis 900 mm Niederschlag.

Wo gibt es Wüsten?

Wüsten gibt es in allen Erdteilen, außer in Europa. Mehr als ein Fünftel des Landes auf der Erde ist von Wüsten bedeckt.

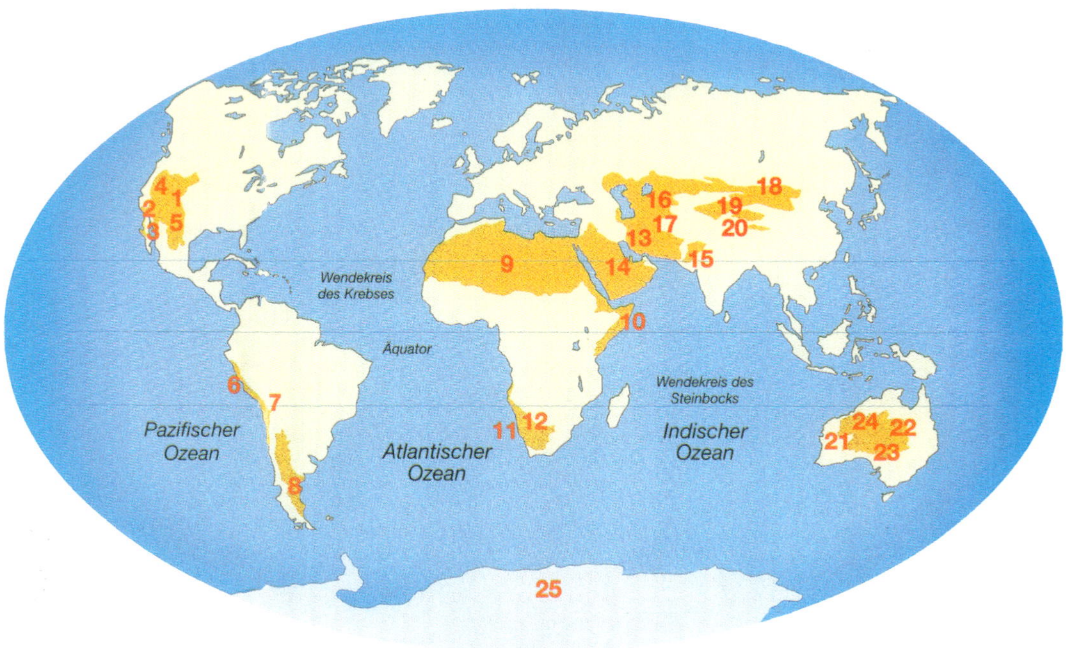

Amerika

1 Navajo-Wüste
2 Mojave-Wüste
3 Sonora-Wüste
4 Tal des Todes
5 White Sands
6 Nazca-Wüste
7 Atacama-Wüste
8 Pataconische Wüste

Afrika

9 Sahara
10 Danakil-Wüste
11 Namib
12 Kalahari

Asien

13 Große Salzwüste
14 Große Arabische Wüste
15 Wüste Thar
16 Karakum
17 Kysylkum
18 Wüste Gobi
19 Takla Makan
20 Changtang-Wüste

Australien

21 Gibson-Wüste
22 Simpson-Wüste
23 Große Viktoria-Wüste
24 Große Sandwüste

25 **Antarktis**

---

[1] 1 mm bedeutet 1 Liter Wasser pro m^2.

Welche Wüsten gibt es?

Es gibt viele verschiedene Wüsten auf dieser Erde. Das gemeinsame Merkmal aller Wüsten ist die große Trockenheit. Aber sonst unterscheiden sich die Wüsten in ihrer Lage, ihrem Aussehen und in ihren Temperaturen.

Wüstenart	Besonderes Merkmal	Temperatur	Beispiele
Trockenwüste	• Starker Wind vertreibt die Wolken. • Bei wolkenlosem Himmel: sehr heißer Tag, kalte Nacht	am Tag: über 50 Grad bei Nacht: unter 10 Grad	Sahara Thar Simpson
Küstenwüste	• Liegt in der Nähe von Meeresküsten • Kalte Meeresströmungen kühlen das Wasser ab. • Nebel bildet sich, aber kein Regen.	ungefähr 18–20 Grad	Atacama Namib
Kältewüste	• Liegt zwischen sehr hohen Bergen • Kein Niederschlag, weil sich die Wolken vorher an den Bergen abgeregnet haben	sehr kalter Winter: bis minus 30 Grad heißer Sommer: bis 40 Grad	Gobi Takla Makan
Eiswüste	• Aus Eis und Schnee • Sehr starke Winde und große Kälte sorgen für große Trockenheit.	extrem kalt: bis zu minus 90 Grad	Antarktis

Es gibt Sandwüsten, Felswüsten und Salzwüsten. Felsen verwittern im Laufe von vielen Tausend Jahren und zerfallen zu Sandkörnern. Nur ein Fünftel der großen Sahara ist mit Sand bedeckt, der Rest ist eine Felswüste.

1. Welche Wüsten liegen zwischen hohen Bergen?
2. Zu welcher Wüstenart gehört die Namib-Wüste?
3. Warum wird es in einer Trockenwüste am Tag so heiß und nachts kalt?

Seite 155   Seite 159   Seite 163

Der Märchenerzähler in der Wüste

Abouli, ein Junge vom Stamme der Tuareg, begleitet seinen Vater Achmed auf einer Reise durch die Wüste. Unterwegs trifft die Karawane auf einen einsamen Reiter: Suleiman ist ein Hakayati[1], ein Märchenerzähler. Er begleitet die Karawane ein Stück weit.

An diesem Morgen ergab es sich, dass der Fremde hinter Abouli[2] ritt. Deshalb brauchte Abouli sein Kamel Arusha[3] nur ein wenig aus der Spur treten zu lassen und sie dann zurückzuhalten, bis Suleimans Mehari[4] mit ihm auf gleicher Höhe lief. „Du reitest ein schönes, starkes Kamel", sagte er schließlich. „Du auch", gab Suleiman das Lob zurück.

„Lebst du vom Geschichtenerzählen?", fragte er schließlich. Suleiman nickte. „Dann geben dir die Leute Geld dafür, dass du sie unterhältst?" „Geld oder etwas zu essen", erklärte der Hakayati. „Ich ziehe von Souk[5] zu Souk, stelle mich dort an eine Straßenecke und fange an. Zuerst bleibt nur einer stehen, dann werden es immer mehr. Je nachdem, wie spannend meine Geschichte ist, sammeln sich oft viele Zuhörer um mich herum." „Und woher kennst du die Geschichten, die du erzählst?", wollte Abouli wissen. „Ich ging bei einem alten Mann in die Lehre. Er war ein berühmter Hakayati." „Und von wem hatte sie dein Lehrer?" „Von einem anderen Meister." „Und der?" „Wieder von einem anderen." „Aber irgendjemand muss sie doch einmal erfunden haben?" „Das glaube ich nicht. Ich glaube, sie sind mit der Zeit von selber entstanden." „Von selbst? – Einfach so?" Etwas, das aus dem Nichts entstand, war für ihn gleichbedeutend mit Zauberei. „Du meinst, sie stammen von Geistern?" „Nein, nein, mit Geistern hat das nichts zu tun", erklärte Suleiman ihm. „Der Anfang kann ein Ereignis gewesen sein, vielleicht auch nur ein Traum, den jemand erzählte, und in dem wundersame Dinge geschehen waren."

sprich: [1] „Hakajati", [2] „Abuli", [3] „Aruscha".
[4] **Mehari** ist ein besonders schnelles Reitkamel, meist weiß.
[5] **Souk** ist ein arabischer Markt. Man spricht „Suk".

„Es kann auch eine wahre Geschichte gewesen sein.“ „Aber wie kommt dann die Zauberei hinein?“ „Das geht ganz schnell.“ Der Junge sah an Suleimans Augen, dass er lächelte. „Erzähl mir irgendetwas!“

Der Junge überlegte eine Weile. Ali fiel ihm ein, ein Junge, dem sein Kamel davongelaufen war. Ali hatte ihm erzählt, was er erlebt hatte, bis er es wiederfand. Abouli berichtete Suleiman davon. „Wissen das auch die anderen?“, fragte der Hakayati. Der Junge schüttelte den Kopf. „Das ist gut. Erzähle Takajedu die Geschichte und warte dann, was weiter geschieht!“ Und Abouli versuchte, Takajedu die Geschichte so wahrheitsgetreu wie möglich zu erzählen.

„Als Ali eines Morgens erwachte, war sein Kamel verschwunden. Ali fand die Fußfessel im Sand. Wahrscheinlich war der Knoten aufgegangen. Da stellte er sich vor, was er machen würde, wenn er ein Kamel wäre, dessen Fessel sich gelöst hatte. Weglaufen würde er, irgendwohin, wo es fettes Gras oder Kameldornbäume gäbe. Also machte er sich gleich auf den Weg, weil er eine Stelle kannte, wo so etwas wächst. Unterwegs scheuchte er eine Gazelle auf. Ach, wenn ich sie nur fragen könnte, ob sie mein Mehari gesehen hat, dachte er. Dann ging er weiter. Auf einmal flog ein großer, schwarzer Vogel vor ihm hoch. Er hatte einen roten Schnabel. Mal sehen, wo er hinfliegt, dachte Ali. Der Vogel flog hinter den nächsten Hügel und Ali folgte ihm. Und dort fand er das Kamel. Es stand unter einem großen Kameldornbaum und fraß die Äste ab. Neben ihm stand ein zweites Kamel. Eines, das niemand gehörte. So bekam Ali sein Mehari zurück und noch ein zweites Kamel dazu. Allah sei Dank!“

„Da hat er aber Glück gehabt“, sagte Takajedu, als Abouli schwieg. Suleiman gab dem Jungen einen Wink anzuhalten. Takajedu zog vorbei. Er ritt an Khalids Seite. „Hast du die Geschichte schon gehört von Ali, dem Sohn des Amenokal[1] der Kel Adjer?“, fragte der Khalid. „Nein, erzähl!“

[1] **Amenokal** ist ein gewähltes Oberhaupt einer Stammesgruppe.

„Eines Morgens vermisste Ali sein Kamel. Es hatte in der Nacht seine Fesseln abgestreift und war davongelaufen. Ali überlegte, was er tun könnte, um es wiederzubekommen. Da kam er sich auf einmal selbst wie ein Kamel vor. Er lief davon und begegnete einer Gazelle. „Hast du mein Mehari gesehen?“, fragte er die Gazelle. Aber sie flüchtete ohne zu antworten. Da flog ein riesengroßer, schwarzer Vogel vor ihm auf. Er hatte einen blutroten Schnabel. Ali folgte ihm, so schnell er konnte. Und wirklich, hinter dem nächsten Hügel fand er sein Mehari und neben ihm ein zweites Kamel.“

„Kennt unser Vater diese Geschichte schon?“

„Das glaube ich nicht“, sagte Takajedu.

„Dann muss ich sie ihm gleich erzählen.“

Also begann Khalid. „Bei den Kel Adjer gibt es einen Jungen, der heißt Ali …“

Und er erzählte seinem Vater die Geschichte, so wie er sie im Gedächtnis behalten hatte. „Das muss ich Abdullah erzählen“, rief Achmed, als Khalid geendet hatte. „Solche Geschichten hört er gern.“ So gab er Alis Abenteuer an Abdullah weiter.

Der alte Abdullah hing seinen Gedanken nach. Die Geschichte, die Achmed ihm erzählt hatte, beschäftigte ihn sehr.

Es war eine wunderliche Geschichte.

Zuerst ging ein Kamel verloren, dann verschwand auch noch eine Gazelle, dafür tauchte ein Riesenvogel auf, dessen Schnabel blutverschmiert war. Er verschwand ebenfalls, und an seiner Stelle war auf einmal das verloren gegangene Kamel wieder da und ein zweites auch noch.

Die kleine Karawane hatte auf einer von Kameldornbäumen umgebenen Lichtung Halt gemacht. „Wir bleiben da“, sagte Achmed. „Die Tiere brauchen Ruhe und wir auch.“

„Habt ihr schon die Geschichte von dem verzauberten Kamel gehört?“, fragte Abdullah. Suleiman warf Abouli einen raschen Blick zu und Abouli zwinkerte zurück.

„Es war einmal ein Prinz. Eines Nachts wurde ihm sein Lieblingskamel gestohlen, und weil er eine Peri[1] zur Patin hatte, konnte er sich selbst in ein Kamel verwandeln und auf die Suche machen. Zuerst begegnete er einer Gazelle. „Hast du mein Lieblingskamel gesehen?“, fragte er. Aber bevor ihm die Gazelle antworten konnte, stürzte sich der Vogel Greif auf sie und trug sie davon. Blut tropfte aus seinem Schnabel. Der Prinz verfolgte ihn, so schnell es ihm möglich war. Der Vogel Greif flog weit über die Wüste. Erst hinter den steinigen Bergen des Gebirges ließ er sich nieder. Doch als der Prinz glaubte, ihn endlich eingeholt zu haben, war er verschwunden und sein Lieblingskamel stand vor ihm. Mitten in einem Wald von Kameldornbäumen stand es und neben ihm fraß eine weiße Kamelstute die Blätter von den Ästen. „Wo ist der Vogel Greif?“, fragte der Prinz sein Lieblingskamel. Da blickte es schnell auf die Gefährtin auf seiner Seite und schüttelte den Kopf. Und der Prinz erkannte, dass sich der Vogel Greif in das zweite Kamel verwandelt hatte und dass es ein Zauberkamel sein musste. Rasch nahm er seine menschliche Gestalt wieder an. Er warf einen Strick um den Hals des fremden Meharis. Daraufhin verwandelte es sich in eine wunderschöne Prinzessin. Er nahm sie mit heim und heiratete sie. Und nachdem sein Vater gestorben war, wurde sie seine Königin.“

„Das war eine gute Geschichte“, sagte Suleiman. Abouli zog schnell seinen Schech[2] über die Nase, weil er lachen musste. „Irgendwie kommt sie mir bekannt vor“, murmelte Khalid.

Sigrid Heuck

[1] **Peri** ist eine Fee.
[2] Ein **Schech** ist eine Kopfbedeckung der Wüsten-Nomaden.

Seite 165
Seite 181

Die geheimnisvollen Wüstenzeichen von Nazca

Kilometerlange Linien, Figuren von Tieren und riesige Muster bedecken den Boden der peruanischen Wüste bei Nazca. Wer hat diese geheimnisvollen Zeichen geschaffen? Was bedeuten sie? Die Journalistin Carmen Rohrbach begibt sich auf die Spuren der Forscherin Maria Reiche und versucht zu erklären, was es mit den 2000 Jahre alten rätselhaften Zeichen in der Wüste auf sich hat.

Die Herrin der Linien: Maria Reiche

Maria Reiche, eine leidenschaftliche Wissenschaftlerin, hatte Deutschland verlassen und arbeitete als Lehrerin in Peru. Zu jener Zeit, als man erstmals mit einem Flugzeug über die Wüste Perus flog, entdeckten die Piloten unter sich am Boden gigantische Tierfiguren. Als Maria Reiche im Jahr 1941 von den geheimnisvollen Wüstenzeichen hörte, war ihre Neugier sofort geweckt. Sie reiste nach Nazca und fand dort ihre Lebensaufgabe, der sie sich mehr als 40 Jahre widmete.

Maria entdeckt den Affen

Mit Proviant im Gepäck wanderte Maria Reiche in die Wüste und fand ihre erste Linie im sandigen Boden. Sie war einen Meter breit und lag nur eine Handbreit tiefer als die Umgebung. Perfekt geradeaus verlief sie viele Kilometer weit bis zum Horizont, als hätte jemand mit einem Riesenlineal einen Strich durch die Wüste gezogen. Maria spürte, sie war einem großen Geheimnis auf der Spur. Als Wissenschaftlerin wusste sie: Rätsel können nur gelöst werden, wenn man zuerst systematisch alle Daten sammelt. Sie suchte nach weiteren Linien, begann sie zu vermessen und übertrug ihre Ergebnisse in Pläne. Vom Erdboden aus konnte Maria nicht erkennen, was sie darstellten, denn die Figuren sind mehr als 100 Meter groß. Erst wenn die Forscherin sie im verkleinerten Maßstab zeichnete, entstand auf dem Papier eine Figur. Maria war jedes Mal gespannt, was es werden würde: Fisch, Spinne, Kolibri, Wal oder Kondor? Einmal dauerte es besonders lange. Ein seltsames Wesen mit spindeldürren Armen

Der Affe, aus der Luft fotografiert, ist 80 m lang.

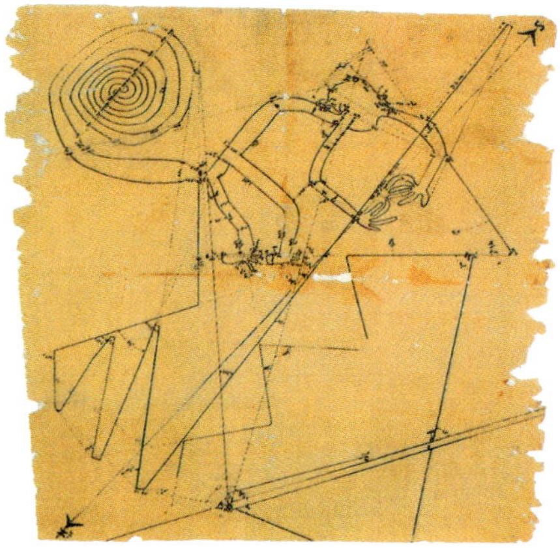

Maria Reiches maßstabsgerechte Zeichnung des Affen.

und einem spiralförmig aufgerollten Schwanz entstand auf ihrem Zeichenblock. Und plötzlich, wie bei einem Puzzle, erkannte Maria: Es war ein Affe.

Wer waren die rätselhaften Wüstenzeichner?

Die Wüste Perus war schon immer unfruchtbar. Menschen konnten hier nicht leben. Aber Flüsse, deren Quellen in den Anden entspringen, gruben Täler in die Wüste. In diesen fruchtbaren Tälern siedelten bereits vor Tausenden von Jahren Indianer. Maria Reiche glaubt, dass die Schöpfer der Wüstenzeichen mit den Tierfiguren ausdrücken wollten, was für sie wichtig war. Fische zum Beispiel symbolisieren Wasser, Spinne und Affe könnten Fruchtbarkeit verkörpern und der Kolibri gilt noch heute bei den Indianern als Götterbote. Auf die Frage, ob das Rätsel von Nazca gelöst sei, antwortete Maria Reiche: „Wir werden niemals für alles eine Erklärung finden, denn aus jeder Antwort entstehen fünf neue Fragen. Aber gerade das macht das Leben so interessant."

Carmen Rohrbach

1. Welchen Beruf hatte Maria Reiche?
2. Wer hat die geheimnisvollen Zeichen in der Wüste geschaffen?
3. Wie erforschte Maria Reiche, was die Linien darstellen sollten?

Seite 155 Seite 159

Mit Gedichten durch das Jahr

Katy Couprie / Antonin Louchard, 2003

 Seite 173

Die Welt ist allzeit schön

Im Frühling prangt die schöne Welt
In einem fast smaragdnen[1] Schein.

Im Sommer glänzt das reife Feld
Und scheint dem Golde gleich zu sein.

Im Herbste sieht man, als Opalen[2],
Der Bäume bunte Blätter strahlen.

Im Winter schmückt ein Schein, wie Diamant
Und reines Silber, Flut und Land.

Ja kurz, wenn wir die Welt aufmerksam sehn,
Ist sie zu allen Zeiten schön.

Barthold Heinrich Brockes

[1] Ein **Smaragd** ist ein grüner Edelstein.
[2] Der **Opal** ist ein Edelstein, der in vielen Farben schillert.
Als Opalen bedeutet farbenprächtig.

Seite 167

Knopf-Parade

Regnet es draußen, dann holt man die losen
Knöpfe aus Kisten und Kästen und Dosen.
Ausgeschüttet und aufgereiht,
zu fünft, zu viert, zu dritt, zu zweit:
eckige, runde, schwarze und bunte,
flache, verbogene, lederbezogene,
größere, kleinere, schmutzige, reinere,
halb verbrannte, leinenbespannte,
vielfach durchbohrte, seidenumflorte,
blecherne, beinerne, hölzerne, steinerne,
stumpfe und glatte, ganz und gar platte –
kullern und klappern und klirren leise,
jeder auf seine besondere Weise.
Scheint dann die Sonne, verschwinden die losen
Knöpfe in Kisten und Kästen und Dosen.

Hans Georg Lenzen

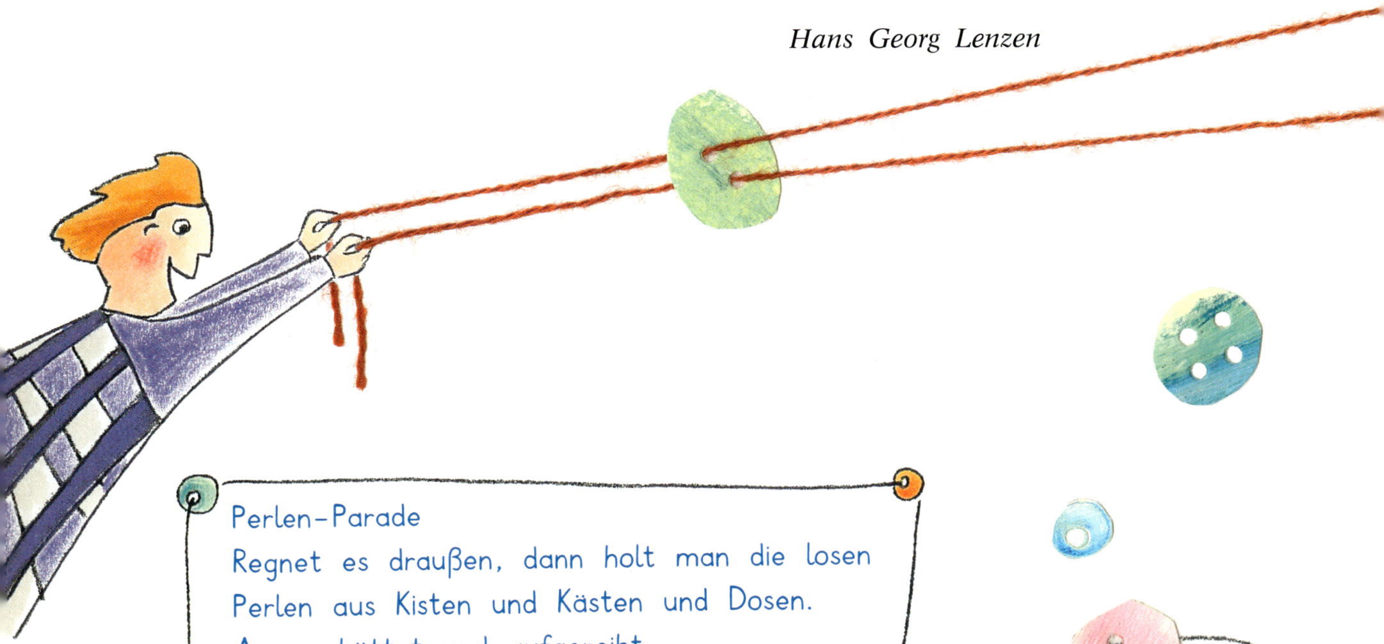

Perlen-Parade
Regnet es draußen, dann holt man die losen
Perlen aus Kisten und Kästen und Dosen.
Ausgeschüttet und aufgereiht,
zu fünft, zu viert, zu dritt, zu zweit:
rote, blaue, gelbe und bunte.
Aus Glas, Holz, Plastik und Silber, ...

 Seite 169

Nebel

Einen Vorhang aus Luft
und Duft gewoben,
und wie der Wind
geschwind
zerstoben.

Friedrich Güll

Septembermorgen

Im Nebel ruhet noch die Welt,
Noch träumen Wald und Wiesen:
Bald siehst du, wenn der Schleier fällt,
Den blauen Himmel unverstellt,
Herbstkräftig die gedämpfte Welt
In warmem Golde fließen.

Eduard Mörike

Der Winter

Die Pelzkappe voll mit schneeigen Tupfen,
behäng' ich die Bäume mit hellem Kristall.
Ich bring' die Weihnacht und bringe den Schnupfen,
Silvester und Halsweh und Karneval.
Ich komme mit Schlitten aus Nord und Nord-Ost.
– Gestatten Sie: Winter. Mit Vornamen: Frost.

Mascha Kaléko

Winter

Über den Bergrücken
läuft eine Gänsehaut.
Die Bergnase
schnupft den Rotz hoch.
Der Hügelfuß
zieht sich den Stiefel über.
Der Flussarm
schlüpft in den wollenen Ärmel.
Nur die Landzunge
kümmert sich nicht um die Kälte
und leckt das Eis vom gefrorenen See.

Hans Manz

Weihnachten

Markt und Straßen stehn verlassen,
Still erleuchtet jedes Haus,
Sinnend geh ich durch die Gassen,
Alles sieht so festlich aus.

An den Fenstern haben Frauen
Buntes Spielzeug fromm geschmückt.
Tausend Kindlein stehn und schauen,
Sind so wunderstill beglückt.

Und ich wandre aus den Mauern
Bis hinaus ins freie Feld,
Hehres Glänzen, heilges Schauen!
Wie so weit und still die Welt!

Sterne hoch die Kreise schlingen,
Aus des Schnees Einsamkeit
Steigt's wie wunderbares Singen –
O du gnadenreiche Zeit!

Joseph von Eichendorff

Mein Lieblingsgedicht im Dezember

Seite 167 Seite 181

Nonsense

Eine Kuh, die saß im Schwalbennest
mit sieben jungen Ziegen,
die feierten ein großes Fest
und fingen an zu fliegen.
Der Esel zog Pantoffel an.
ist übers Haus geflogen,
und wenn das nicht die Wahrheit ist,
so ist es doch gelogen.

Volksmund

Luftballon

Luftballon
Lufftballon
Luffftballon
Lufffftballon
Luffffftballon
Lufffffftballon
Luffffffftballon
Lufffffffftballon

PENG!

Erwin Grosche

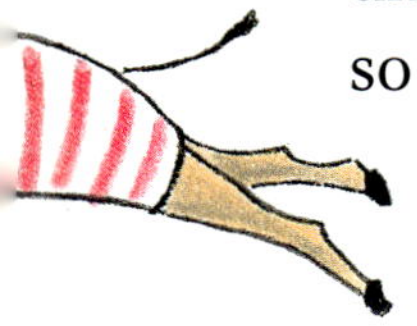

Kappenkauf

Sitzt dir, Knabe,
die Kappe zu knapp,
setz die knappe
Kappe ab!
Die da, du,
die passt dir schier!
Nimm die da, du,
nein, die da hier!
Die, die du jetzt hast:
die da, du die passt!

Josef Guggenmos

Seite 169

In den Gassen

Unbekannter Verfasser

Karneval

ommt herbei, Groß und Klein,
lle laden wir heut' ein.
ufen laut Hellau, Alaaf!
un ist wieder Fasenacht!
skimo, Prinzessin, Fee,
ampir und Teufel, Mann im Schnee.
merikaner, Affen, Katzen
achen laut und machen Fratzen.

Kinder einer 4. Klasse

Mein Lieblingsgedicht im Januar

Mein Lieblingsgedicht im Februar

Seite 169

Erste Sonne

In den dürren Zweigen
der nackten Bäume
sitzen Krähen.
Bei ihnen Stare.
Fernab schwarzweiße Elstern.
Sie schelten.
Ab und an fliegt ein Vogel
weg.
Er wird von allen verfolgt.
Sie kehren zurück.
Sie schelten.
Das Jahr steigt langsam.
Von Morgen zu Morgen.
Im Baum sitzt der Frühling.
Er wartet.
Er lacht leise.

Rolf Bongs

Frühlingsglaube

Die linden Lüfte sind erwacht,
Sie säuseln und weben Tag und Nacht,
Sie schaffen an allen Enden.
O frischer Duft, o neuer Klang!
Nun, armes Herze, sei nicht bang!
Nun muss sich alles, alles wenden.

Die Welt wird schöner mit jedem Tag,
Man weiß nicht, was noch werden mag,
Das Blühen will nicht enden.
Es blüht das fernste, tiefste Tal:
Nun, armes Herz, vergiss der Qual!
Nun muss sich alles, alles wenden.

Ludwig Uhland

Es geht eine helle Flöte

2. Warten da drei rote Buchen,
wollen auch den Tanz versuchen.
Es geht eine helle Flöte,
der Frühling ist über dem Land.

3. Und der Bach, der hört das Singen,
wild und polternd muss er springen.
Es geht eine helle Flöte,
der Frühling ist über dem Land.

Sommerschauer

Die Hitze glüht so weiß wie Zuckerwatte,
die Blätter hängen schlaff vom Birnenbaum.
Der schönste Ort der Welt heißt Hängematte,
die Luft steht still, als atmete man kaum.
Der Himmel ist so blau wie manche Meere,
nicht mal das allerkleinste Wolkenboot
kommt heut dem Kurs der Sonne in die Quere.
Die Gräser träumen grün, die Rosen rot.

Marie träumt, dass sie in dem Buch verschwinde,
in dem sie eben noch geschmökert hat;
dass sie, getragen von dem Winde,
der irgendwo erwachte und jetzt matt
die Gräser streichelt und die Blätter wendet,
ganz oben in der blauen Tiefe treibt.
Der helle Traum wird leider jäh beendet,
als sich ein dunkler Schatten an ihm reibt.

Kühl legt sich der auf ihre Augenlider,
und also schlägt Marie die Augen auf.
Was soll denn das? Was stört sie da bloß wieder?
Sie blickt sich um und blinzelt hoch hinauf:
Der Sonne hängt ein Wolkenball im Wege,
der Störenfried sieht aus wie Blumenkohl;
der Wind wird munter, bläst schon reichlich rege
und aus der Ferne grollt es dumpf und hohl.

Ein Tropfen platzt wie eine Seifenblase
mitten hinein ins aufgeschlagne Buch.
Der zweite Tropfen trifft sie auf die Nase,
der dritte klatscht aufs Hängemattentuch.
Am Himmel rollen dicke Wolkenfässer
und überm Kirchturm zuckt ein erster Blitz.
Marie sagt sich: Wahrscheinlich ist es besser,
wenn ich nicht hier, sondern im Trocknen sitz.

Es tropft nicht mehr; es rinnt nun wie aus Bächen,
der Donner dröhnt wie eine Pauke dumpf.
Die Wolkenfässer bersten jetzt und brechen,
der ganze Garten wird zum Dschungelsumpf.
Marie legt eine Spur aus tausend Tropfen,
bis in ihr Zimmer unterm roten Dach,
auf das Millionen Tropfen klopfen, klopfen,
die Regenrinne wird zum wilden Bach.

Die Nasenspitze an der Fensterscheibe,
auf die das Wasser prasselt, strömt und fließt,
staunt sie hinaus ins flüssige Getreibe:
Es schüttet wie aus Eimern, stürzt und gießt.
Und auf dem Glas erscheint in Silberzeilen
die schöne Schrift, mit der der Regen schreibt.
Wer sie entziffern will, muss sich beeilen,
weil, wenn die Sonne kommt, von ihr nichts bleibt.

Schnell fallen noch ein paar verirrte Tropfen,
durch die ein langer Sonnenstrahl erglüht,
aus allen Büschen hört man Wasser klopfen,
bis es nun endlich nur noch silbrig sprüht.
Die Sonne bricht durch letzte Wolkenreste
und strahlt vom Himmel wie ein gelber Ball.
Jetzt kommt das Schönste und das Allerbeste:
ein Regenbogen nämlich – klarer Fall! …

Klaus Modick

Mein Lieblingsgedicht im August

Mein Lieblingsgedicht im Juni

Mein Lieblingsgedicht im Juli

Seite 167 Seite 177

Bedrohte Tiere und Pflanzen

Jan Brueghel, der Ältere, Einzug in die Arche Noah, 1615

Die Bibel erzählt über die Arche Noah:
Gott befahl Noah vor langer Zeit ein großes Holzschiff zu bauen, genannt die Arche. Er sollte von jeder Tierart ein Männchen und ein Weibchen auf das Schiff mitnehmen.
Es regnete vierzig Tage und Nächte hindurch. Schnell war alles unter den Wassermassen verschwunden, sogar die hohen Berge. Aber die Tiere waren sicher auf der Arche, die als Zuflucht vor der Sintflut[1] diente. Erst als das Wasser abgezogen war, konnten sie alle wieder an Land gehen.

[1] Das sind gewaltige Wassermassen.

Warum

Die Ringelnatter
auf dem Waldeshügel
lag wie ein Fragezeichen so krumm.
Sie dachte:

Warum sind die Menschen so dumm?
Alle Pilze, die sie nicht kennen,
stoßen sie um.

Alle Blumen, die schönsten,
rotten sie aus.

Und mich – o hätte ich Flügel! –
schlagen sie tot mit dem Prügel.

Josef Guggenmos

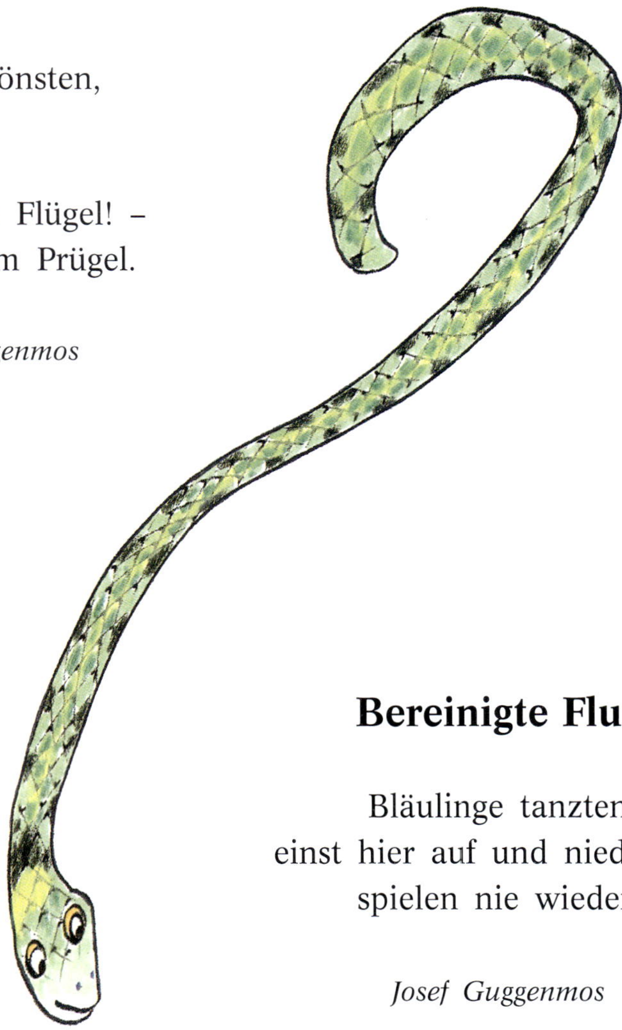

Bereinigte Flur

Bläulinge tanzten
einst hier auf und nieder. Sie
spielen nie wieder.

Josef Guggenmos

Seite 169

Die Fledermaus

Fledermäuse fliegen und jagen nachts. Sie geben ständig ganz hohe Töne von sich, die wir nicht hören können. Diese Schallwellen reichen bis zu fünf Meter weit. Sobald diese Töne auf ein Hindernis stoßen, kommt ein Echo zurück. Dieses Echo fangen die Fledermäuse mit ihren großen Ohren auf. Sie erkennen daran, wie groß ein Hindernis ist und wie weit es entfernt ist. Ihre Augen sind relativ klein. Sie können damit nur Umrisse erkennen. Sie fressen Insekten, die sie mit ihren Ohren finden. Ein Fledermausflügel hat lange dünne Finger. Sie sind durch eine Haut miteinander verbunden. Fledermäuse schlafen mit dem Kopf nach unten. Dabei klappen sie ihre Flügel zusammen. Im Winter machen sie einen Winterschlaf. Dabei sinkt ihre Körpertemperatur von 35° bis unter 7°C. Es gibt viele verschiedene Fledermausarten. Ihre Größe ist ganz unterschiedlich.

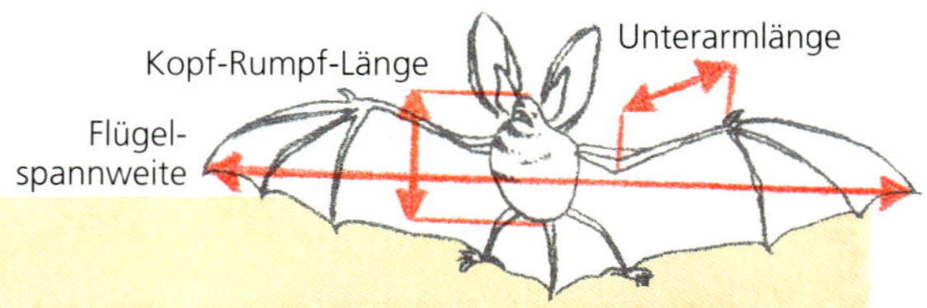

Größe der Fledermäuse
(Angaben in Zentimeter = cm)

	Kopf-Rumpf-Länge	Unterarmlänge	Flügelspannweite
Zwergfledermaus	3,3–5,0	2,7–3,4	19
Wasserfledermaus	4,2–5,5	3,4–4,2	24
Fransenfledermaus	4,1–5,0	3,5–4,2	25
Kleiner Abendsegler	5,0–6,8	3,7–4,7	27
Breitflügelfledermaus	6,2–8,0	4,7–5,7	36
Großer Abendsegler	6,5–8,5	4,8–5,8	40
Kleines Mausohr	6,2–7,1	5,3–6,3	40

www.fledermausschutz.de

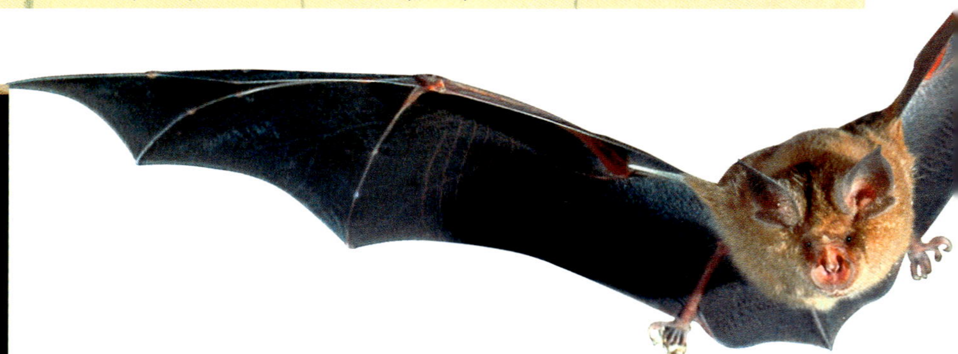

Diese Fledermausart nennt man ***Große Hufeisennase***.

Bundesamt für Naturschutz wirbt für den Schutz der Fledermäuse

Fledermäuse sind stark bedroht

Berlin Das Bundesamt für Naturschutz (BfN) wirbt für den Schutz der heimischen Fledermäuse.
„In Deutschland kommen 20 Fledermausarten vor, von denen 16 Arten (das sind 80 %) vom Aussterben bedroht sind.
Die Fledermäuse sind damit die am stärksten bedrohte Gruppe der Säugetiere in Deutschland“, sagte der Präsident des BfN. Viele einheimische Fledermausarten nisten sich auf Dachböden, in Mauerspalten oder Kellern und in Baumhöhlen ein. Durch Renovierung oder Abriss der Gebäude werden viele Fledermausquartiere zerstört. Aus diesem Grund hat das Bundesamt für Naturschutz ein Projekt zum Quartierschutz von Fledermäusen ins Leben gerufen. Es werden Tipps für fledermausgerechte Baumaßnahmen gegeben, sodass die Tiere nicht vertrieben werden. Fledermäuse sind wichtige „Schädlingsbekämpfer“. Große Fledermäuse, wie zum Beispiel der Abendsegler, fressen im Sommer bis zu einer halben Million Insekten.

Abendsegler (Nyctalus noctula)

Kopf-Rumpf-Länge:	6 bis 8 cm
Gewicht:	20 bis 40 Gramm
Flügelspannweite:	bis zu 40 cm
Merkmale:	Flügel lang und schmal, Ohren kurz und abgerundet
Farbe:	Flughäute und Ohren schwärzlich braun, Fell rötlich braun
Nahrung:	Insekten

Originalbeitrag

Die Zeit mit dem kleinen Panda

Lu Yi sah einen schwarzweißen Körper. Ein Panda! „Schläft er?“ Sein Vater schüttelte den Kopf. „Er ist tot.“ Lu Yi hatte sich so gewünscht, einmal einen Panda zu sehen, aber nicht so.
Sie sammelten weiter Holz. Plötzlich hörte Lu Yi ein Quieken. Er drehte sich um. Das Quieken kam aus dem hohlen Baumstamm. Lu Yis Vater langte hinein und hob ein kleines weißes Tier heraus, das an den Schultern und Beinen dunkleres Fell hatte. Es war ein winziges Panda-Baby!

„Da drüben, das muss seine Mutter sein.“ Lu Yis Vater zeigte auf das tote Tier. „Vater, können wir das Kleine mit nach Hause nehmen?“ „Wenn wir das nicht tun, wird es sterben. Oder wilde Hunde bringen es um.“ Für Lu Yi hieß das ja. Er ließ die Axt fallen und langte nach dem kleinen Panda. Sein Vater steckte die Axt in den Gürtel und ging mit schnellen Schritten bergab. Lu Yi folgte. Das Pandajunge hielt er dicht an seine Brust gedrückt.
Bald hörte es auf zu quieken und schlief ein. Lu Yis Mutter machte große Augen. „Was sollen wir denn damit anfangen?“ Sie streckte die Hand aus und berührte das kleine Tier, das ihr Sohn in den Armen hielt. Da wusste Lu Yi, dass alles in Ordnung war. „Ich werde es versorgen“, sagte er. Lu Yi überlegte. Würde es schwer sein, für den kleinen Panda zu sorgen? Die Zeit verging und der kleine Panda wuchs heran. Eines Morgens hörte man Hammerschläge. Die Leute unterbrachen ihre Arbeit. Sie wussten, was das bedeutete, und eilten zu dem Pfad. Ein Mann nagelte eine Mitteilung an einen Baum. Lu Yi fing an zu laufen. Ho Yen, der schon dort war, winkte ihm zu. „Es geht um die Pandas. Hör zu!“ Der Bote redete. „Da oben“, er zeigte auf die nebelverhangenen Berge, „lebt der Große Panda. Überall auf der Welt mag man ihn. Aber hier ist der einzige Platz auf Erden, wo er lebt. Und jetzt ist er bedroht. Wenn wir ihm nicht helfen, wird es bald keine Pandas mehr geben. Seht hinauf, Freunde“, sagte der Mann und deutete nach oben. Alle Augen richteten sich auf die Berge. Fast als würden sie erwarten, weitere Pandas aus dem Wald kommen zu sehen.

„Seht genau hin. Sogar von hier aus sieht man, was da vor sich geht. Die Bambuswälder sind tot. Die Pandas finden da oben nichts mehr zu fressen. Deshalb kommen sie in die Ebene. Sie sind am Verhungern.“ Die Menschen in China wissen, was eine Hungersnot ist. Vor allem die Älteren konnten sich an schlimme Zeiten erinnern. Jetzt hörte man Herrn Pos Stimme. „Das kann ja sein. Aber ich bin ein armer Mann. Ich kann es mir nicht leisten, Pandas mit meinem Honig zu füttern.“ „Das erwarten wir auch nicht. Aber es gibt einen Plan, wie man Pandas helfen kann diese Zeit zu überleben. Und dabei bitten wir um eure Unterstützung. Wir wissen, dass ihr es euch nicht leisten könnt die Tiere zu füttern. Die Regierung wird das Futter zur Verfügung stellen. In den nächsten Wochen werden Hubschrauber Jamswurzeln und Mais abwerfen. Legt das an die Begrenzungen eurer Felder und Weiden. Hungrige Pandas werden das fressen. Aber kommt ihnen nicht zu nahe. Es sind halb verhungerte, verzweifelte Tiere. Denkt dran, dass ein Panda gefährlich sein kann. Um eins möchte ich euch bitten“, sagte der Mann. „Meldet jeden Panda, den ihr seht.“ Alle sahen Lu Yi an, aber niemand sagte etwas.

Miriam Schlein

Seite 159 Seite 163 Seite 171

Bäume

Bäume

Baumkronen

Blätterdach

Rindestreicheln

Astwiegen

Zweigversteck

Stammgebirge

Holzhöhle

Gipfelblick

Gabelspitze

Nestgehege

Grünhorizont

Waldwebe

Holzdom

Sonnenfänger

Windorchester

Frischluftspender

Lebensbaum

Bäume

Frieder Stöckle

Seite 169

Geheimnis

Ich weiß ein Geheimnis:
Du trägst in dir eine ganze Welt!

Zieh dich zurück und schließe die Augen.
Male dir einen Wald mit fünfzig Sorten Grün
von innen auf deine Augenlider.

Du siehst die Bäume am Hang und im Tal.
Die Äste greifen zum Himmel,
jeder Zweig auf seine Art.

Riechst du das Harz? Fühlst du die Rinde?
Fahr mit dem Finger die Rillen entlang,
langsam.

Die Säfte strömen im Stamm.
Spürst du das Wachsen?
Zähle die Tiere auf einem Baum –
bei den Ameisen schon bist du verwirrt.

Hörst du die Vögel?
Denke dir ihren Gesang auf deine eigene Weise.
Jetzt bist du ein Vogel: Fliege über den Wald.
Unter dir, neben dir, über dir:
Was alles verspürst du?

Ich weiß ein Geheimnis:
Du trägst in dir eine neue Welt.

Roland Böckle

Seite 169

Das Naturtagebuch

Ein Naturtagebuch ist etwas für kleine und große Forscher. Man hält darin Eindrücke fest, die man bei Beobachtungen in der Natur gesammelt hat. Das ist alles, was man sehen, hören, riechen, fühlen und schmecken kann. Das Forschen ist das ganze Jahr über spannend, denn die Tiere und Pflanzen verändern sich ständig. Je genauer und länger man hinsieht oder hinhört, desto öfter entdeckt man etwas Unbekanntes und Überraschendes. Naturforscher beobachten deshalb die Natur über einen längeren Zeitraum hinweg, oft mehrere Monate lang. Ein Naturforscher muss sehr geduldig sein.

Hannah beobachtet schon seit langer Zeit den Wald. Ihre Eindrücke hält sie in ihrem Naturtagebuch fest.

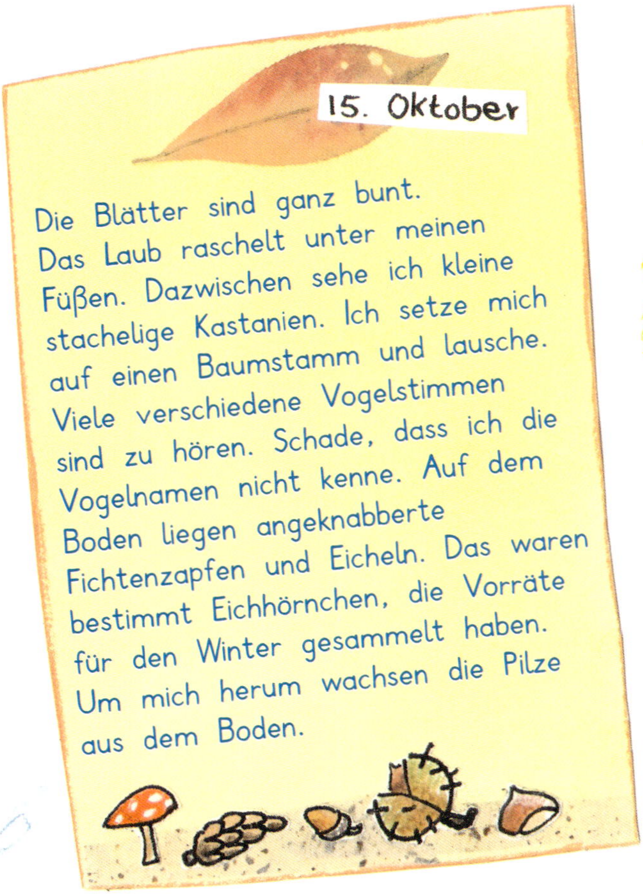

15. Januar

Ich sitze wieder auf dem Baumstamm. Es ist ganz leise hier, fast schon unheimlich. Die Tiere haben sich wohl alle verkrochen. Im Schnee kann ich trotzdem viele unterschiedliche Tierspuren sehen. Vielleicht waren das Rehe oder Hasen? Ich weiß es nicht genau. Die Vogelspuren sind leicht zu erkennen. Ob es hier in der Nähe eine Futterkrippe gibt? Am Waldrand sehe ich die roten Beeren der Stechpalme leuchten. Die sehen lecker aus, sind aber leider für den Menschen giftig.

17. April

Ich rieche den Frühling in der Luft. Alles ist grün. An manchen Bäumen sind Knospen zu sehen. Wenn ich ganz leise bin, höre ich einen Specht klopfen. Auf der Lichtung[1] vor mir ist der ganze Boden bedeckt mit kleinen weißen Buschwindröschen. Auf dem Rückweg komme ich an einem Ameisenhaufen vorbei. Es wimmelt nur so von Ameisen. Ich glaube, es sind Tausende.

Ein Naturtagebuch kann beispielsweise auch zur Wiese oder zum Teich geführt werden.

Hannah informiert sich über die Tiere und Pflanzen, die sie im Wald gesehen hat in einem Naturlexikon und in einem Naturführer.

Originalbeitrag

[1] Eine **Lichtung** ist eine Stelle im Wald, wo keine Bäume wachsen.

Seite 155 Seite 159 Seite 163

Schrift und Schreiben

Kurt Schwitters, ohne Titel, 1922

Der Buchstabenberg

Georg hatte Geburtstag – seinen zehnten. Da schenkte ihm sein Onkel ein Buch. Ein großes, dickes Buch mit merkwürdigem Titel: „Die sieben Leben des Emanuel S." Als Georg noch am selben Abend das Buch öffnete, um darin ein wenig zu blättern, merkte er zu seinem großen Erstaunen, dass alle Buchstaben schief standen. Georg versuchte zunächst mühselig, eine Letter um die andere zurechtzurücken. Doch kaum hatte Georg damit begonnen, die Buchstaben mit seinem Zeigefinger in ihre richtigen Positionen zu schubsen, da purzelten sie auch schon aus dem Buch – ihm geradewegs entgegen. Vor Georg lag plötzlich ein riesiger Buchstabenberg, eine Halde, auf der Buchstaben völlig wirr und ungeordnet herumkullerten. Und in seinen Händen hielt er, ziemlich verschreckt, ein nunmehr leeres Buch, ein Buch der weißen Blätter.

Georg ging, nachdem er sich von all dem Schreck wieder etwas erholt hatte, zunächst einmal daran, den Buchstabenberg zu teilen, die Lettern ein wenig zu ordnen. Er bildete Gruppen, größere wie kleinere, aller A, B, C und so weiter. Sodann suchte er nach möglichen Zweierkombinationen der sechsundzwanzig Buchstaben des Alphabets. Zu diesen kamen alsbald weitere Buchstaben hinzu, bis einzelne Buchstabeninseln, Buchstabenwolken entstanden waren. Buchstaben zogen in Karawanen vor Georgs Augen den Horizont entlang, formten und sammelten sich zu Gruppen, traten zu Wortverbindungen, schließlich zu Sätzen zusammen.

Georg begann, diese wieder ins leere Buch einzufügen, einzuschreiben. Die weißen Blätter schwärzten sich zusehends mit Schrift. Als all die zuvor aus den Blättern gefallenen Buchstaben aufgebraucht, das leere Buch wieder voll Buchstaben war, begann Georg den Text zu lesen.

Und siehe da: Es hatte sich seine eigene bisherige Lebensgeschichte geschrieben. Sie erzählte von all seinen Erlebnissen, von Freuden wie Sorgen, Hoffnungen, Träumen, aber auch von Ängsten und Nöten.

Peter Daniel

Seite 155

Vom Abschreiben zum Drucken – die Erfindung des Johannes Gutenberg

Im Mittelalter waren Bücher sehr selten und kostbar. Sie wurden Seite für Seite mühsam mit der Hand geschrieben. Oft dauerte es Jahre, bis ein einziges Buch fertig war. Aber es wurden immer mehr Bücher benötigt, um das Wissen der Menschen festzuhalten und an andere weiterzugeben. Johannes Gutenberg machte damals eine wichtige Erfindung, mit der Bücher viel schneller hergestellt werden konnten.

Johannes Gutenberg
1397–1468

Geheimnisvolle Dinge taten sich um das Jahr 1440 in der Stadt Straßburg. Aus Mainz war der damals etwa 40 Jahre alte Johannes Gensfleisch zugewandert, der sich später Gutenberg nannte. Gemeinsam mit Straßburger Bürgern hatte er einen Betrieb aufgebaut, in dem Texte nicht wie bisher abgeschrieben wurden, sondern gedruckt werden sollten. Es gab Gerüchte, dass Gutenberg etwas erfunden haben sollte, was es bisher noch nicht gegeben hatte. Deshalb war Geheimhaltung notwendig, denn kein anderer sollte dem Erfinder zuvorkommen.

Ob Gutenberg schon in Straßburg das Drucken erfand, weiß man heute nicht. Bekannt wurde seine Erfindung erst, als er in seine Heimatstadt Mainz zurückkehrte und begann, die Bibel zu drucken. Bisher hatten Schreiber die Texte nach Gehör nachgeschrieben, hatten durch Hörfehler den Inhalt verändert – oder auch ganz absichtlich, weil sie ihre eigenen Gedanken einbringen wollten. Für den Gottesdienst wurde jedoch ein einheitliches Messbuch benötigt, in dem die Texte für alle gleich waren.

Auch in anderen Bereichen wurden Bücher immer wichtiger, immer mehr wissenschaftliche Erkenntnisse wurden schriftlich festgehalten. Die Schulen und Universitäten brauchten Bücher in größerer Stückzahl, mehr als durch Abschreiben produziert werden konnten. Gutenberg hatte die Lösung gefunden: Mit einem von ihm entwickelten Gerät konnte er die einzelnen Buchstaben aus Blei in nahezu unbegrenzter Stückzahl produzieren, damit Textseiten gestalten und die Buchstaben oder Lettern für den nächsten Text wieder verwenden.

Der Setzer ordnete die Lettern in einem schräg vor ihm aufgestellten Setzkasten mit etwa 100 Fächern. Hierin lagen die Buchstaben sowie Bleistücke, die benutzt wurden, um die notwendigen Zwischenräume zwischen den einzelnen Wörtern zu schaffen. Die häufiger benutzten Lettern wie zum Beispiel **e** oder **n** lagen in den vorderen Fächern, damit der Setzer sie bequem erreichen konnte. In der einen Hand hielt er den Winkelhaken, mit der anderen griff er die Buchstaben und setzte sie dort spiegelverkehrt ein, damit sie beim Druck richtig herum erschienen.

Zeile für Zeile legte er sie dann auf dem Schiffchen ab, einer Metallplatte, die auf drei Seiten von einem Rahmen umgeben war. War eine Seite zusammengestellt, wurden ein Probedruck angefertigt und eventuelle Fehler korrigiert, indem man die jeweiligen Lettern auf dem Schiffchen austauschte. So konnten viele Schreibfehler früherer handgeschriebener Seiten vermieden werden.

Zuerst musste die fertig gesetzte Seite eingefärbt werden. Der Arbeiter nahm dazu in jede Hand einen pilzförmigen Druckerballen, der mit Pferdehaaren gepolstert und mit Leder aus Hundehaut bespannt war. Da Hunde nicht über die Haut, sondern über die Zunge schwitzen, hat ihre Haut besonders feine Poren. Sie eignete sich daher besonders gut, um die Druckerfarbe gleichmäßig auf den Lettern zu verteilen. Diese Farbe wurde aus Lampenruß und Öl hergestellt, wahrscheinlich mit Urin und Eiweiß vermischt. Die heute noch erhaltenen Bibeln aus Gutenbergs Druckerei haben dasselbe kräftig glänzende Schwarz wie vor fünfhundert Jahren.

Seine Druckerpresse ließ sich Gutenberg von einem Tischler nach dem Vorbild einer Weinpresse anfertigen. Das Schiffchen mit den eingefärbten Lettern wurde in die große Presse gestellt, ein Bogen Papier daraufgelegt und mit einer dicken Platte beides zusammengepresst.
Der Drucker musste darauf achten, dass der weiße Rand und die bedruckte Fläche stets an der gleichen Stelle waren, da Papier erstmals auf beiden Seiten bedruckt wurde.

Drei Jahre waren etwa zwanzig Setzer, Drucker und Gehilfen mit der Herstellung von 180 Exemplaren der Bibel beschäftigt. Jede Bibel bestand aus 1282 Seiten mit je zwei Spalten von 42 Zeilen Länge. Pro Seite wurden 2800 Lettern benötigt, insgesamt mussten also weit mehr als drei Millionen Buchstaben gesetzt werden.

Als im Herbst 1455 das Werk vollendet war, hatte Gutenberg kein Geld mehr und konnte die 800 Gulden, die ihm der Kaufmann Johannes Fust geliehen hatte, nicht zurückzahlen. Gutenbergs Werkstatt und alle Bibeln wurden Eigentum von Fust. Von seinen Mitbürgern vergessen starb Gutenberg 1468 in Mainz. Erst viel später wurde bekannt, dass er es war, der die „schwarze Kunst" erfand.

nach Irene Mohr

1. Wie lange arbeiteten die Setzer und Drucker an den 180 Exemplaren der Bibel?
2. Woraus wurde Gutenbergs Druckerfarbe hergestellt?
3. Warum war Gutenbergs Erfindung so wichtig?

Seite 157 Seite 159 Seite 163

Wusstest du, dass …?

Das kleinste Buch der Welt
ist kaum größer als ein Staubkorn und man kann es nur unter einem Mikroskop lesen. Es ist 1 Millimeter breit und enthält auf 5 Seiten die 6 Strophen der peruanischen Nationalhymne.

Das kleinste Buch Deutschlands
wurde vom Gutenberg-Museum in Mainz herausgegeben. Es enthält das Gebet Vaterunser in sieben Sprachen und ist nur 6 Millimeter hoch und breit.

Das größte gedruckte Buch Europas
ist 1,70 Meter breit und 2,22 Meter hoch. Es wiegt 125 Kilogramm. Das Buch heißt „Atlas der Großen Kurfürsten" und enthält 38 Landkarten. Es entstand 1654 und wird heute in Berlin aufbewahrt.

Das umfangreichste Wörterbuch
erschien 1726 in China. Das „T'uschu-Tschi-Tschenk" besteht aus 5020 Bänden mit je 170 Seiten.

Das meistverkaufte Buch auf der Welt
ist die Bibel. In den letzten 250 Jahren wurde sie in etwa 1600 Sprachen und Dialekte übersetzt und 2,5 Milliarden Mal verkauft.

Diese Reisebibliothek mit 44 Büchern gehörte einem englischen Richter aus dem 16. Jahrhundert. In geschlossenem Zustand glich der lederbezogene Bücherschrank einem Buch.

Li Na und der Kaiser

Vor vielen hundert Jahren lebte im fernen China auf einem kleinen Boot am Gelben Fluss eine alte Frau. Ihr Name war Li Na und sie war Schönschreiberin von Beruf. Li Na hatte ihr ganzes Leben darauf verwandt, eine Meisterin im Schönschreiben zu werden. Einfach nur schreiben, das können viele Menschen. Aber ein Schriftzeichen so auf Papier tuschen, dass jeder seine Bedeutung nicht nur lesen, sondern auch tief in seinem Innern fühlen kann, das ist eine große Kunst.

In Chinas Hauptstadt lebte damals noch ein Kaiser. Er bewohnte einen riesigen Palast. Der Kaiser war sehr reich, sehr mächtig und sehr, sehr grausam. Keiner seiner Untertanen liebte ihn. So gefürchtet wie der Kaiser war, so beliebt war die alte Schönschreiberin. Viele Leute kamen zu ihr, um ihre Kunst zu bewundern. „Schreib uns die Liebe auf!“, baten sie. Dann tauchte Li Na ihren großen schweren Pinsel in die pechschwarze Tusche und zauberte mit anmutigen Bewegungen das Schriftzeichen für Liebe auf das Papier. Jeder, der Li Nas Kunst gesehen hatte, ging froh und erfüllt nach Hause. Bei Li Na lebte auch ihre Schülerin San Li. Sie wusste schon, wie das Papier beschaffen sein musste, damit ein Schriftzeichen am besten zur Wirkung kam. Sie konnte auch selbst Tusche herstellen.

Eines Morgens herrschte große Aufregung am Gelben Fluss. Der Kaiser näherte sich der Stelle am Ufer, wo das Boot der Schönschreiberin lag. Hundert Krieger gingen der goldenen Sänfte voraus, hundert Krieger schritten dahinter.

Vor Li Nas Boot ließ er sich absetzen. Einer seiner Diener rief nach der alten Frau.

„Der Kaiser befiehlt dir, ihm ein Bild anzufertigen! Es soll die Größe seiner Macht, seinen grenzenlosen Reichtum und seine unerschütterliche Herrschaft ausdrücken!“, rief er laut.

„Wie lange wirst du dafür brauchen?“, fragte der Kaiser die Frau in gebieterischem Ton.

„Ich werde so lange brauchen, bis ich das Wesen Eurer Macht verstanden habe!“, erwiderte die alte Schönschreiberin mit fester Stimme. San Li bewunderte ihre Lehrerin für ihre Unerschrockenheit.

„In einer Woche schicke ich einen Boten, der das Bild abholen wird!“

Die alte Schönschreiberin war seit dem Besuch des Kaisers in tiefes Schweigen versunken. Wie sollte sie das Wesen der Macht des Kaisers erfassen, wenn sie noch niemals am Palast gewesen war? Wie sollte sie die unermessliche Fülle seines Reichtums begreifen, wenn sie selbst kaum etwas besaß?

Eine Woche verging und ein Bote kam, um das Bild einzufordern. Bedauernd schüttelte die Alte den Kopf: „Tut mir Leid, aber ich kann den Auftrag des Kaisers nicht ausführen. Noch nie bin ich im kaiserlichen Palast gewesen; Macht und Herrschaft ist mir fremd. Kannst du mir etwas aus dem Palast bringen? Einen Gegenstand, den der Kaiser täglich berührt.“ Der Bote versprach es. Nach einer Woche erschien er mit einem kostbaren Teppich und einem goldenen Trinkbecher.

„In einer Woche bin ich wieder zurück, dann muss das Bild fertig sein!“ Wieder eine Woche verging und der Bote trat erneut vor die Schönschreiberin.

„Es will mir nicht gelingen, die Macht des Kaisers zu Papier zu bringen“, sagte die Alte mit schwacher Stimme, „schaffe mir ein Schwert oder eine andere Waffe herbei, mit der seine Feinde die Macht des Kaisers zu spüren bekommen.“

Wenige Tage später tauchte er mit einem Schwert in der Hand auf. „Wann wird deine Meisterin das Bild fertiggestellt haben? Der Kaiser ist schon ungeduldig!“ San Li zuckte die Schultern. „Ich kann es nicht sagen“, fügte sie schüchtern hinzu. Erst nach drei Monaten erschien er wieder am Gelben Fluss. Doch auch diesmal blieb seine Mission erfolglos. „Warum geht es denn nicht schneller?“, fragte er ungehalten das junge Mädchen. „Die Meisterin muss sich in das Wesen der Macht versenken, bevor sie den Pinsel nehmen kann.“ Der Bote nickte, er hatte verstanden, aber würde es der Kaiser verstehen? Der Kaiser verstand nicht. Als er sah, dass der Bote wieder mit leeren Händen zurückgekehrt war, ließ er den Mann sofort ins Gefängnis werfen. Nun würde er selbst die Alte am Fluss aufsuchen.

Er würde holen, was ihm zustand. „Wo ist das Bild, das ich dir zu fertigen befohlen habe?“, fragte er mit eisiger Stimme. Li Na, die Schönschreiberin, trat ihm entgegen. In der Hand hielt sie einen großen Pinsel, von dem Tusche heruntertropfte. Vor ihr lag ein großer Bogen Reispapier. Ohne ein Wort und ohne den Kaiser eines Blicke zu würdigen, beugte sie sich nieder und brachte in wenigen geschickten Bewegungen das Zeichen der Macht auf das Papier. Der Kaiser erschrak und trat einen Schritt zurück. Das Zeichen von Macht und Herrschaft war gewaltig und grausam, bedrohlich und böse, hart und kalt. Die Leibwächter wichen zitternd zurück. Selbst der Kaiser war blass geworden. Er ließ sich in seinen Palast tragen. Dort zog er sich sofort in seine Privatgemächer zurück.

Nach langer, langer Zeit ängstlichen Wartens erhob sich der erste Leibwächter des Kaisers. „Fühlen Euer Majestät sich nicht wohl?“, fragte er zaghaft. Der Kaiser starrte vor sich auf den Boden. Dorthin, wo das Bild der alten Meisterin lag. Der Kaiser von China weinte! Lautlos rannen die Tränen über sein Gesicht.

„Ist das die Macht des Kaisers? Angst und Schrecken? Bin ich wirklich so grausam?“, flüsterte er.

Langsam, unendlich langsam nickte der Mann.

„Ja, mein Kaiser. Das seid Ihr.“ Der Kaiser starrte fassungslos seinen Diener an. Drohend ballte er die Faust. Bebend vor Zorn öffnete er den Mund. Doch dann ließ er die Hand sinken. Wortlos starrte er wieder zu Boden und weinte.

Auf dem Boot am Gelben Fluss ordnete die alte Schönschreiberin ihre Gerätschaften. Papier und Pinsel, Tuschestein und Stempel, alles kam wieder an seinen Platz. Schließlich breitete Li Na den kostbaren Teppich des Kaisers auf dem Boden aus, stellte den Trinkbecher in ein Regal und das mit Edelsteinen verzierte Schwert stellte sie in eine Ecke. Heute Morgen war der Bote aus dem Palast noch einmal gekommen. „Der Kaiser überlässt dir diese Dinge als Lohn für deine Arbeit“, hatte er erklärt. „Warst du im Gefängnis?“, hatte San Li neugierig gefragt. Der Mann hatte genickt. „Seine Majestät hat alle, die er aus Willkür oder Wut hatte gefangen nehmen lassen, wieder befreit. Seitdem das Bild deiner Meisterin im Palast hängt, ist der Kaiser ein anderer Mensch geworden.“

Andrea Liebers

Überprüfe diese Aussagen mit passenden Textstellen:

1. Der Kaiser war nicht beliebt.
2. Li Na brauchte viel Zeit, um den Auftrag des Kaisers auszuführen.
3. Der Kaiser veränderte sich sehr, nachdem er das Bild von Li Na bekommen hatte.

Seite 161 Seite 167 Seite 181

Chinesische Schriftzeichen: Gemalte Wörter

Pinsel auf einer Pinselablage

Die Chinesen betrachten die Kunst der schönen Schrift als gleichwertig mit der Kunst der Malerei.
Die Schönschreibkunst nennt man Kalligraphie.
Chinesische Schriftkünstler müssen viele Jahre üben, bis sie ihre Kunst beherrschen. Sie unterzeichnen ihre Schriftkunstwerke mit ihrem Namenszeichen, einem roten Stempel.

Zum Malen und Schreiben benutzen die Chinesen das gleiche Werkzeug: den Pinsel. Er besteht aus Tierhaaren, zum Beispiel von Ziegen oder Wölfen, und wird von einem Bambusrohr gehalten.

Stein mit Tuschestäbchen

Die Schönschreiber stellen ihre schwarze Tusche selbst her. Die Tusche wird aus Ruß und Leim angerührt und mit einem Duft versehen. Dann trocknet sie zu Tuschestäbchen. Auf einem besonderen Stein wird das Tuschestäbchen zu feinem Staub zerrieben und mit Wasser gemischt.

Jedes chinesische Schriftzeichen setzt sich aus einem oder mehreren Strichen zusammen. Dabei spielen die Reihenfolge und Position der Striche eine wichtige Rolle. Im heutigen China benutzt man meist 24 verschiedene Striche.
Das chinesische Schriftzeichen für **Pinsel** sieht so aus:
Die Aussprache für das Wort **Pinsel** ist „ju“.

In dieser Reihenfolge müssen die Pinselstriche gemalt werden:

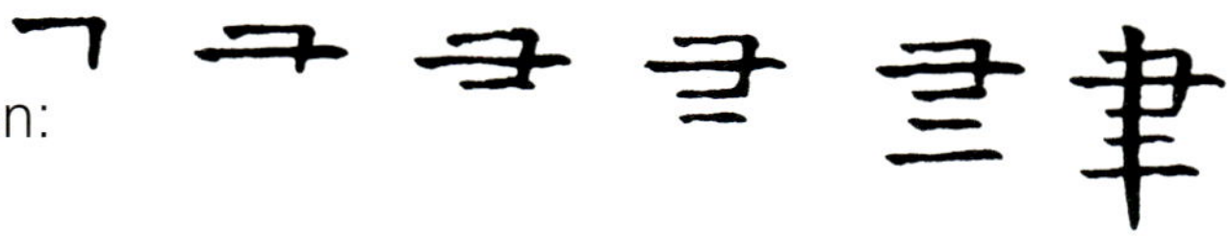

Originalbeitrag

Seite 159 Seite 163

Schrift und Schreiben

Die **chinesische Schrift** ist über 4000 Jahre alt und besteht aus über 50.000 verschiedenen Schriftzeichen. Chinesische Schulkinder lernen heute etwa 3000 Schriftzeichen in den ersten 6 Schuljahren. Dies genügt zum Lesen von Büchern und Zeitungen. Wer in China weniger als 1000 Zeichen kennt, gilt als Analphabet.

Unsere **Schreibrichtung** geht von links nach rechts. Arabisch dagegen wird von rechts nach links geschrieben. Chinesische und japanische Texte werden in Spalten von oben nach unten und von rechts nach links notiert.

Die Schreiber im Mittelalter schrieben mit **Federkielen** aus Gänsefedern. Erst ab 1830 wurden **Stahlfedern** benutzt. Doch auch sie mussten alle paar Sekunden in Tinte getaucht werden. Die Erfindung des **Füllers** löste das Problem – aus einem Tintenspeicher, der Patrone, fließt immer etwas Tinte in die Feder.

Die **Handschrift** eines Menschen ist so einzigartig wie sein Fingerabdruck. Es gibt keine zwei Menschen, die genau die gleiche Handschrift haben. Graphologen sind Schriftexperten, die anhand der Handschrift eines Menschen Aussagen über sein Wesen machen können.

Das Wort **Alphabet** ist von den ersten beiden Buchstaben des griechischen Alphabets abgeleitet: **Alpha** (A) und **Beta** (B).

Menschen, die nicht lesen und schreiben können, nennt man **Analphabeten**.

Seite 159

Fabeln, Sagen und Schwänke

Silke Leffler, 2003

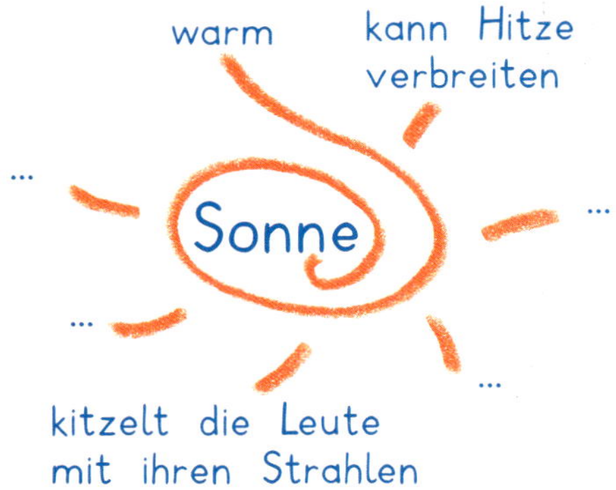

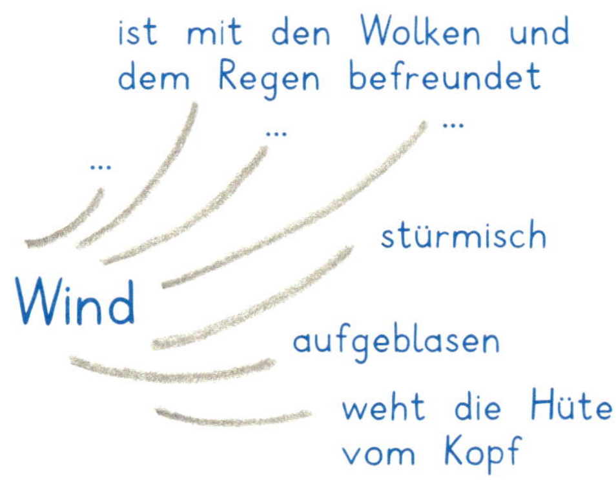

Die Sonne und der Wind

Einst stritten sich die Sonne und der Wind, wer von ihnen beiden der Stärkere sei, und man wurde sich einig, derjenige sollte dafür gelten, der einen Wanderer, den sie eben vor sich sahen, am ersten nötigen würde, seinen Mantel abzulegen.
Sogleich begann der Wind zu stürmen; Regen und Hagelschauer unterstützten ihn. Der arme Wanderer jammerte und zagte; aber immer fester wickelte er sich in seinen Mantel ein und setzte seinen Weg fort, so gut er konnte.

Jetzt kam die Reihe an die Sonne. Mit milder und sanfter Glut ließ sie ihre Strahlen herabfallen. Himmel und Erde wurden heiter; die Lüfte erwärmten sich. Der Wanderer vermochte den Mantel nicht länger auf seinen Schultern zu erdulden. Er warf ihn ab und erquickte sich im Schatten eines Baumes, während die Sonne sich ihres Sieges erfreute.

Johann Gottfried von Herder

Seite 181

Ameise und Taube

Eine durstige Ameise kam an eine Quelle,
und als sie ihren Durst löschen wollte,
geriet sie in Gefahr zu ertrinken.
Eine Taube aber auf dem daneben stehenden Baum
brach ein Blatt ab und warf es ihr zu.
Die Ameise kletterte darauf und war gerettet.
Da kam ein Rutensteller[1], der seine Ruten zusammensetzte
und die Taube fangen wollte.
Da biss ihn die Ameise in den Fuß.
Er bewegte seine Ruten und die Taube flog auf und davon.
Die Lehre der Fabel:
Auch Hilfe von Schwachen kommt manchmal gelegen.

Äsop

Die Wohltaten

„Hast du wohl einen größeren Wohltäter unter den Tieren
als uns?“, fragte die Biene den Menschen.
„Jawohl!“, erwiderte dieser. – „Und wen?“
„Das Schaf! Denn seine Wolle ist mir notwendig und
dein Honig ist mir nur angenehm“, sprach der Mensch.
„Und willst du noch einen Grund wissen, warum ich das Schaf
für meinen größeren Wohltäter halte als dich, Biene?
Das Schaf schenkt mir seine Wolle ohne die geringste Schwierigkeit;
aber wenn du mir deinen Honig schenkst, muss ich mich
noch immer vor deinem Stachel fürchten.“

Sybil Gräfin Schönfeldt (nach Gotthold Ephraim Lessing)

[1] Ein **Rutensteller** fängt Vögel, indem er Leim auf Weidenzweige (Ruten) streicht und wartet, bis sich ein Vogel auf den Zweig setzt.

Seite 165

Wie der Fuchs den Raben überlistet

Ein Rabe hatte einen Käse gestohlen und setzte sich
auf einen hohen Baum und wollte ihn da verzehren.
Da er aber seiner Art gemäß nicht schweigen kann,
wenn er isst, hörte ihn ein Fuchs
über dem Käse keckern und krächzen,
lief herzu und sprach mit List:
„O Rabe, mein Lebtag habe ich keinen Vogel gesehen
mit schöneren Federn und schönerer Gestalt als dich.
Wenn du nun gar noch eine schöne Stimme hättest
und schön singen könntest, fürwahr, dann müsste man
dich zum König krönen und zum Herrscher
über alle Vögel machen."

Den Raben kitzelte das Lob
und solche Schmeichelrede,
und er wollte die Schönheit
seines Gesanges beweisen.
Da er nun aber den Schnabel auftat,
entfiel ihm der Käse.
Der Fuchs ergriff ihn behände,
fraß ihn auf und verlachte
den törichten Raben.

Die Fabel zeigt:
Hüte dich,
wenn man dich lobt,
wie der Fuchs
den Raben lobte.

nach Martin Luther

Seite 181

Der Rattenfänger von Hameln

Im Jahr 1284 litt die Stadt Hameln unter einer furchtbaren Plage: Es wimmelte von Ratten und Mäusen, die sich ungeheuer vermehrten. Niemand wurde ihrer Herr. Da atmete alles auf, als ein Fremder, den niemand vorher je in der Stadt gesehen hatte, auftauchte und versprach das Übel an einem einzigen Tag zu beseitigen. Er trug einen Anzug aus vielen bunten Flicken und verlangte einen ziemlich hohen Lohn. Aber da alle sich vor den Tieren und den Krankheiten, die sie übertragen konnten, fürchteten, sagte der Stadtrat ohne Bedenken zu.

Der Rattenfänger nahm eine Flöte aus der Tasche und begann zu spielen. Es war eine seltsame Melodie. Da kamen aus allen Winkeln und Löchern die Ratten und Mäuse zu Tausenden. In einem langen, wimmelnden Zug folgten sie dem Fremden durch die Gassen und Straßen von Hameln bis zur Weser. Am Ufer zog der Fremde die Schuhe aus, die Hosen hoch und watete ins Wasser, immer seine Flöte spielend. Wie verhext folgten ihm die Tiere und ertranken. Die Bürger von Hameln sahen das alles mit Verwunderung. Die Plage waren sie nun los und damit auch ihre schlimmsten Sorgen. Aber nun tat es ihnen plötzlich Leid, dem Rattenfänger so viel Geld dafür geboten zu haben. War das Ganze denn nicht ein Kinderspiel für ihn gewesen? Sie sagten ihm das und lehnten ab, ihm das Geld zu zahlen, das er verlangt hatte.

Das war im Mai. Am 26. Juni des gleichen Jahres kam der Mann wieder. Diesmal trug er nicht den Anzug aus bunten Flicken, sondern einen Jagdanzug. Alle erinnerten sich später an seinen roten Hut. Morgens um sieben Uhr, als die meisten Bürger von Hameln noch schliefen, ging er durch die Stadt und blies auf seiner Flöte. Aber diesmal kamen nicht die Ratten und Mäuse aus ihren Verstecken. Diesmal kamen die Kinder von Hameln – alle, vom vierten Lebensjahr an. Sie folgten seiner sonderbaren Melodie durch die Gassen und Straßen hinaus vor die Stadt bis zu einem Berg, der sich vor ihnen auftat. In ihm verschwand der Rattenfänger mit allen Kindern: hundertunddreißig sollen es gewesen sein. Auch die schon erwachsene Tochter des Bürgermeisters war dabei. Ihr Vater hatte dem Rattenfänger seinen Lohn im Namen aller Bürger verweigert.
Es nützte nichts, dass man überallhin Boten sandte um nach den Kindern zu forschen. Man fand nie mehr eine Spur von ihnen. Die Straße, durch die sie dem Rattenfänger gefolgt waren, hieß noch 500 Jahre lang *Stille Straße*, weil in ihr nicht getanzt und kein Instrument gespielt werden durfte.

Volksgut

Seite 167 Seite 177 Seite 181

Dädalus und Ikarus

Dädalus aus Athen war einer der berühmtesten Künstler und Erfinder seiner Zeit. Als er aber seinen Neffen Talos, der seinen Onkel mit seinen Erfindungen zu übertreffen schien, aus Eifersucht von einer Burgmauer hinunterstürzte, musste er aus Athen fliehen. Mit seinem kleinen Sohn Ikarus gelangte er auf die Insel Kreta. König Minos nahm die Flüchtlinge auf und beauftragte Dädalus, für das Ungeheuer Minotaurus ein Labyrinth zu bauen.

Nach langen Jahren wollte Dädalus Kreta wieder verlassen, doch König Minos suchte das zu verhindern. Dädalus sann nach einem Ausweg: „Minos kann mir den Weg zu Lande und über das Wasser versperren, also werde ich mich wie ein Vogel in die Luft erheben und davonfliegen." Er sammelte Vogelfedern, ordnete sie von den kleinsten bis zu den großen und verband sie mit Fäden und Wachs zu Flügeln.
Dann schnallte sich Dädalus die Flügel an und erprobte seine Erfindung. Auch für seinen Sohn hatte Dädalus ein Flügelpaar gemacht und belehrte ihn: „Flieg immer, lieber Sohn, auf der mittleren Bahn zwischen dem Meer und der Sonne. Wenn du zu tief fliegst, tauchen die Federn ins Wasser und ziehen dich in die Tiefe. Fliegst du aber zu hoch, so schmilzt in der Sonne das Wachs der Flügel und du stürzt ab. Flieg immer hinter mir her." Dann umarmte Dädalus seinen Sohn und sie erhoben sich wie Vögel in die Luft.

Der Vater flog voraus und schaute immer wieder zurück nach seinem Sohn. Ikarus war anfangs ängstlich und schwang die Flügel sorgsam. Doch bald überkam ihn der Übermut und er vergaß die Warnung seines Vaters. Er verließ seine Bahn und flog höher und höher. Zu spät bemerkte er, dass die Strahlen der Sonne das Wachs erweichten, die Federn sich lösten und davon flatterten. Noch ruderte er verzweifelt mit den nackten Armen in der Luft, noch wollte er seinen Vater um Hilfe rufen, als er in die Tiefe stürzte und in den Fluten versank.

Als Dädalus sich wieder umwandte, sah er seinen Sohn nicht mehr. Voller Angst rief er: „Ikarus, Ikarus, wo bist du?“ Er blickte in die Tiefe und sah auf dem Wasser die Federn schwimmen. Da lenkte er seinen Flug hinab an das Ufer des Meeres und ging verzweifelt hin und her, bis das Meer den Leichnam seines Sohnes ans Ufer spülte, wo er ihn begrub. Seitdem heißt die Insel Ikaria.

nach Gustav Schwab

1. Warum musste Dädalus aus Athen fliehen?
2. Wie wollten Dädalus und Ikarus von der Insel Kreta fliehen?
3. Warum scheiterte ihre Flucht?

Seite 157 Seite 171

Eulenspiegel im Bienenkorb
Psst …! Lass uns schleunigst einen Korb klauen und damit abhauen!
Wir nehmen den schwersten, das ist der beste: Da ist der meiste Honig, das meiste Wachs, sind die meisten Bienen drin.
Ich kann gar nicht an deinen Haaren reißen, habe beide Hände voll zu tun.
He, du Dummkopf! Was reißt du an meinen Haaren?!
Du spinnst!
RAUF
RANGEL
Du lügst!
Hihihi!

Seite 181

Hodscha und der Teekessel

Eines Tages ging Hodscha zu seinem Nachbarn und lieh sich einen großen Teekessel aus. Nach einigen Tagen trug er den Kessel wieder zurück. Der Nachbar machte ihm auf, nahm den Kessel entgegen und fragte: „Was ist denn das?“ Und er deutete auf einen kleinen Topf, der im Kessel lag.

„Oh, während dein Kessel in meinem Haus war, hat er das geboren“, erwiderte Hodscha. Sein Nachbar zeigte sich über diese erfreuliche Nachricht ganz entzückt und behielt beides, den Teekessel und den kleinen Topf.

Nach einer Weile lieh Hodscha sich wieder den Teekessel von seinem Nachbarn aus. Es waren nun schon zwei Wochen vergangen und Hodscha hatte den Kessel immer noch bei sich. Der Nachbar begab sich zu Nasreddin Hodscha um den Kessel zurückzufordern.

„Hodscha“, sagte er, „ich bin gekommen um meinen Kessel zu holen.“

Mit trauriger Miene antwortete Hodscha:

„Ach, lieber Nachbar! Frag nicht, was geschehen ist! Ich spreche dir mein Beileid aus. Dein Kessel ist verschieden.“

Darauf der Nachbar: „Aber Hodscha, mach dich nicht lächerlich! Wie kann ein Kessel sterben?“

„Nun, warum nicht?“, erwiderte der Hodscha, „wenn du glauben kannst, dass er gebären kann, warum kannst du dann nicht glauben, dass er sterben kann?“

Volksgut aus der Türkei

Überprüfe diese Aussagen mit passenden Textstellen:

1. Hodscha leiht sich bei seinem Nachbarn zwei Mal einen Teekessel aus.
2. Als Hodscha den Teekessel zurückbringt, schenkt er seinem Nachbarn einen Topf.
3. Hodscha hat den Teekessel des Nachbarn verloren.

Seite 161 Seite 167 Seite 181

In der Steinzeit

In der Höhle von Lascaux, ohne Jahresangabe

Von Gedanken finden wir
an bestimmten Orten nur,
so zum Beispiel auf Papier,
hin und wieder eine Spur.

Frantz Wittkamp

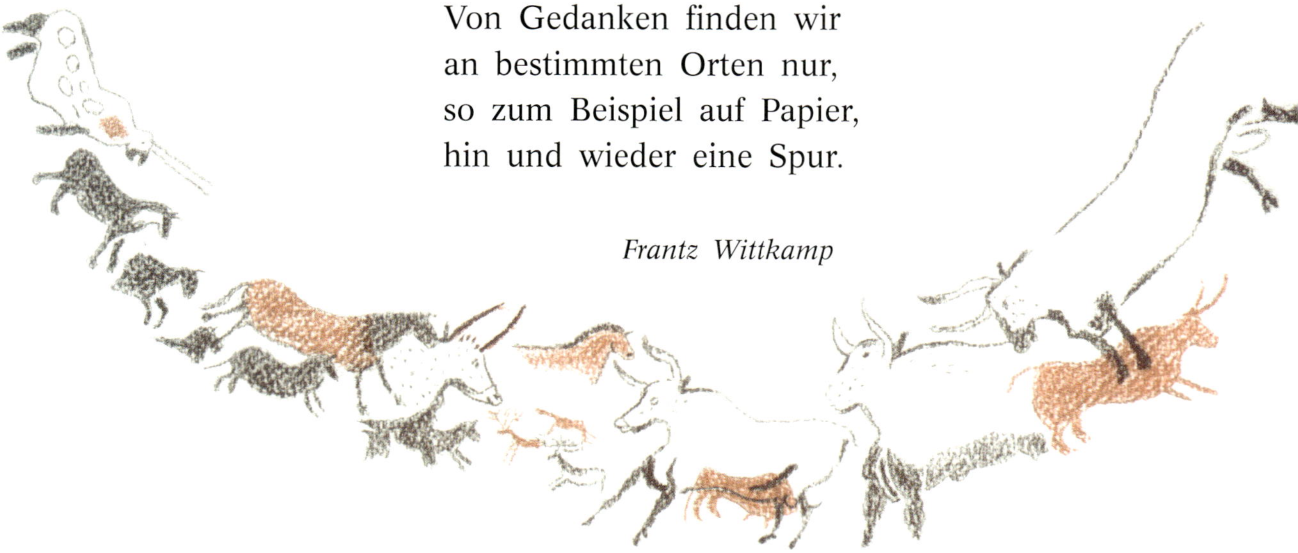

Seite 173

Kunst in der Steinzeit

Die bekanntesten Höhlenmalereien der Steinzeit sind zwischen 10 000 und 30 000 Jahre alt.

Am häufigsten kann man in den Höhlenmalereien der Steinzeit Tierdarstellungen, wie Rentiere, Mammute, Wildpferde, Löwen und Pferde, erkennen. Menschendarstellungen sind sehr selten.

Eine inzwischen sehr berühmte Höhle wurde in **Altamira** in Nordspanien entdeckt. Vor etwa 100 Jahren durfte die neunjährige Maria ihren Vater in eine Höhle begleiten. Ihr Vater suchte öfter in Höhlen nach Spuren von Tierknochen und Werkzeugen. Maria kletterte in der Höhle herum. Sie krabbelte durch ein enges Loch und befand sich auf einmal in einer Seitenkammer der Höhle. Als sie nach oben schaute, sah sie, dass die Höhlendecke mit wunderbaren Tieren bemalt war. Ihr Vater hatte bis dahin nur den Boden abgesucht und die Kunstwerke an der Decke völlig übersehen. Damals waren diese Höhlenbilder noch ein großes Rätsel.

Die berühmtesten Felsenbilder wurden in **Lascaux** in Südfrankreich gefunden. Im September 1940 gingen vier Jungen mit ihrem Hund spazieren. Auf einmal fiel der Hund in ein Loch und war verschwunden. Die Jungen warfen Steine in das Loch und stellten so fest, dass es nicht allzu tief war. Sie kletterten hinunter und fanden dabei nicht nur ihren Hund wieder, sondern eines der größten Höhlenkunstwerke, das man je gesehen hat. Die Wände waren über und über bedeckt mit Tierzeichnungen, darunter Bilder von fünf Meter langen Stieren.

Originalbeitrag

1. Wo fand Maria die berühmten Höhlenbilder?
2. Wie wurde die Höhle von Lascaux entdeckt?
3. Warum wurden die Höhlenmalereien erst in den letzten hundert Jahren entdeckt?

Seite 159

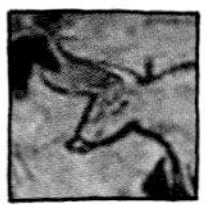

Der Höhlenmaler

Der Schamane[1] Kull findet eines Tages am Fluss einen Jungen, der am Fuß verletzt ist. Er nimmt ihn mit zu sich und pflegt ihn gesund. Der Junge weiß nicht, was passiert ist, wie er heißt und woher er kommt. Er wird von nun an Dreibein genannt, weil er nur noch auf eine Krücke gestützt gehen kann.

Die rote Hand umfasst den runden Stein und schlägt zu. Knirschend zerbricht der rote Stein in der Mulde der Steinplatte, zerbricht in kleine Stücke. Weiter schlägt der runde Stein in der roten Hand. Kleiner werden die roten Steinteile, kleiner und kleiner, bis der rote Stein roter Staub ist. Die Hand kippt die Steinplatte. Der rote Staub rieselt in einen Lederbeutel.
Kleine, rote Staubwolken steigen auf. Dreibein blickt auf seine roten Hände. Jetzt sind sie rot. Manchmal sind sie gelb, wenn Dreibein aus gelben Steinen gelben Staub macht. Manchmal sind die Hände schwarz.

Hinter Dreibein flüstert es, wie Wind in dürrem Laub.
Dreibein dreht sich nicht um. Er weiß, es ist Kull, der auf ihn zukommt. Kulls lederner Umhang flüstert, wenn Kull geht. Kulls Hand greift in den Lederbeutel und lässt roten Staub durch seine Finger rieseln. Kulls Hand glänzt in allen Farben.
„Gut“, sagt er. „Genug jetzt, komm essen!“
Kull steht auf und geht zu seinem Schlafplatz. Er sagt:
„Schlaf jetzt. Morgen musst du mir helfen … drinnen in der Höhle.“

Schon früh erwacht Dreibein. Es ist dunkel und kalt. Er ist ungeduldig und neugierig. Er kann es nicht erwarten, in die Höhle zu kommen.

„Die Welt da drinnen“, sagt Kull und deutet auf den Höhleneingang, „ist groß, schön und – gefährlich. Alles, was du da drinnen tust, musst du ruhig und überlegt tun. Hast und Ungeduld können gefährlich sein. Die Höhle erlaubt Geschrei und Eile nicht. Sonst rächt sie sich.

[1] Ein **Schamane** ist ein Medizinmann und ein Priester.

Es ist eine dunkle und stille Welt, die verlangt, dass auch der Mensch still ist." Knapp vor dem Eingang der Höhle führt ein kurzer Gang seitlich in den Fels. Kull entzündet eine Fackel und geht langsam in die Höhle. Seine Fackel beleuchtet einen großen, weißen Stein, der, wie aus dem Boden gewachsen, in der Mitte des Ganges steht. Viele rote Punkte, Striche und andere Zeichen sind auf den Stein gemalt. Wie der Wächter der Höhle verbietet der Stein das Weitergehen. Gefährlich leuchten die Punkte wie rote Augen.

Der Schamane schüttet etwas roten Staub in eine Muschel, gibt Wasser dazu und rührt mit dem Finger, bis roter Brei entsteht.
„Jeder, der zum ersten Mal in die Höhle kommt, muss hier ein Zeichen hinterlassen. Die Höhle will es und so will es der Brauch. Tauch deinen Finger in die rote Farbe und setz deinen Fingerpunkt auf den Stein. Sag der Höhle, dass du da bist!" Dreibein ist stolz. Sein Punkt, sein Finger. Sogar die feinen Rillen an seiner Fingerspitze sind am Stein zu sehen.

Kull geht an der Wand entlang. Nach wenigen Schritten bleibt Dreibein mit einem Ruck stehen. Dreibein schreit. Kurz, laut, überrascht.
Über ihm auf der Felswand bewegt sich ein Tier – nein, ein Ungeheuer.

Dreibein hat Angst und würde am liebsten weglaufen. Doch das Tier beachtet ihn nicht. Es bewegt sich auf das Innere des Berges zu. – Oder nicht?
Langsam beginnt Dreibein zu verstehen: Das Tier auf dem Fels ist gemalt. Mit roter und schwarzer Farbe. Farbe, die angerührt wird mit Wasser und Farbstaub. Dreibein hat keine Zeit, darüber nachzudenken.

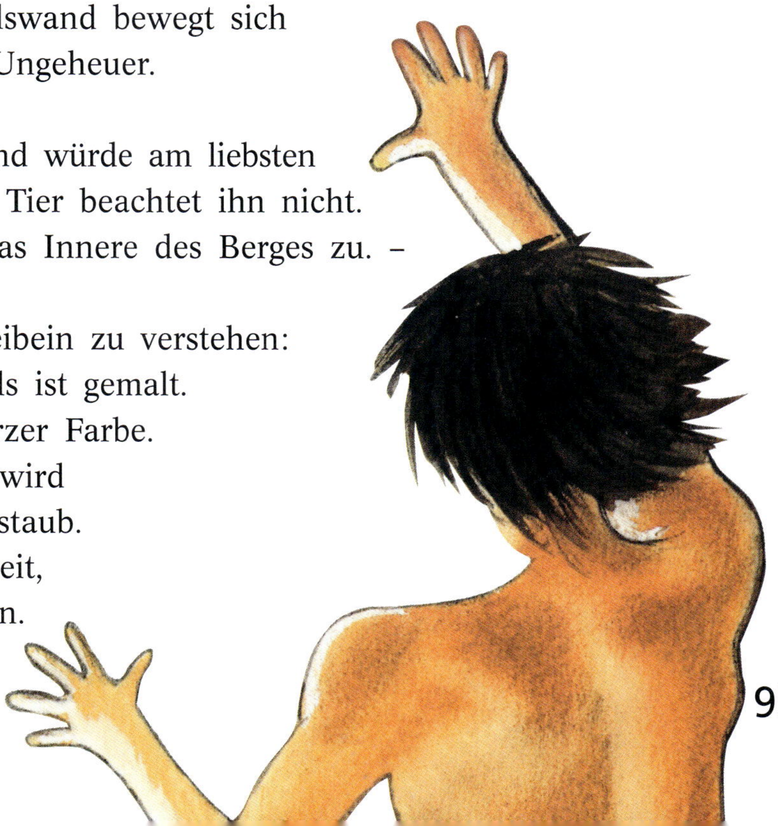

Pferde tauchen im Licht der Fackel auf. Eine Herde galoppierender schwarzer Pferde. Immer wieder bleibt Dreibein vor Staunen stehen, vergisst zu gehen. Der Schamane zieht ihn weiter.

Die Decke wird höher, der Gang breiter. Hier bleibt Kull stehen. Kull zeigt in einen engen Gang, der vom breiten Weg abzweigt. „Das ist deine Höhle, Dreibein. Hier darfst du deine Bilder malen.“ Vor Freude und Überraschung kann Dreibein nicht sprechen. Seine eigene Höhle! Eigene Bilder! – Am liebsten würde Dreibein den Schamanen umarmen. „Du hast es in dir, Dreibein, einmal gute Bilder zu malen. Sie stecken in dir. Doch bevor es so weit ist, musst du viele Bilder malen, die dir misslingen, mit denen du unzufrieden bist. Große Herden von Tieren musst du malen, bis dir ein Tier gelingt, auf das du stolz bist.“

Oft hat Dreibein nur Teile von Tieren gezeichnet: Köpfe, Hufe, Rücken. Immer und immer wieder, bis der Strich sicher geworden war. Tiere sind über andere Tiere gezeichnet und überschneiden sich, sonst wäre nicht Platz für alle in der kleinen Höhle. Und Dreibein weiß, er muss noch viele Tiere zeichnen.

Erich Ballinger

1. Warum hat Dreibein rote Hände?
2. Wovor hat Dreibein Angst?
3. Warum muss Dreibein noch viele Tiere zeichnen?

Seite 157

Höhlenmalerei

Du brauchst für die Höhlenwand

- einen Bogen Fotokarton,
- Holzleim,
- feinen Sand (z. B. Vogelsand oder Spielsand).

Du brauchst für die Erdfarben

- verschiedenfarbige Erdsorten: Blumenerde, Ton, Lehm,
- Wasser zum Anrühren der Farben,
- ein Sieb zum Sieben der Erde,
- Zeitungspapier als Unterlage,
- Kleister,
- leere Marmeladengläser mit Deckel,
- einen Esslöffel,
- Holzstöckchen zum Umrühren und Auftragen der Farbe,
- verschieden dicke Pinsel, einen Bleistift.

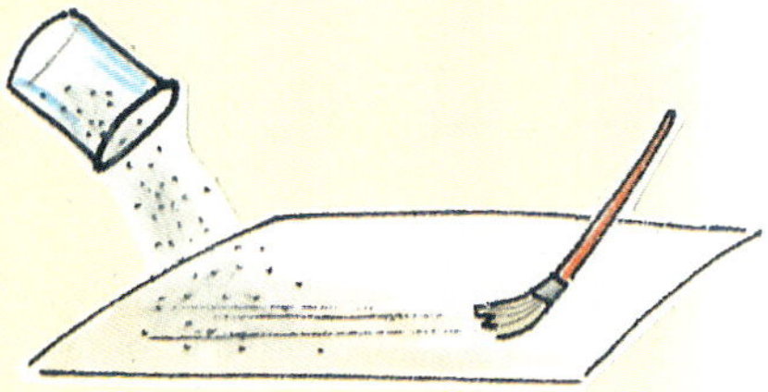

So wird's gemacht:

1. Streiche den Fotokarton mit viel Leim ein.
   Streue den Sand auf den Leim, bis eine dicke Schicht entsteht.
   Deine Höhlenwand ist fertig, wenn der Leim getrocknet ist.
2. Siebe Erde in ein leeres Marmeladenglas.
   Für jeden Farbton brauchst du ein eigenes Glas.
3. Gieße vorsichtig etwas Wasser dazu.
   Rühre gut um, bis ein dicker Erdbrei entsteht.
4. Rühre den Kleister mit Wasser an.
   Lasse den Kleister etwa 15 Minuten quellen.
   Gib so viel Kleister in den Erdbrei bis die Farbe zähflüssig ist.
5. Zeichne mit Bleistift einen Entwurf auf die Höhlenwand.
6. Nun kannst du mit dem Finger, einem Holzstöckchen
   oder einem Pinsel deine Höhlenwand bemalen.

Das Leben in der Steinzeit

Viele Funde beweisen, dass es auf der Erde schon vor zwei Millionen Jahren Menschen gegeben hat. Das Klima wechselte oft zwischen Warm- und Kaltzeiten und die Bedingungen zum Überleben waren hart.
Die Menschen fertigten ihre Werkzeuge und Waffen hauptsächlich aus Stein, Holz und Knochen an. Das waren zum Beispiel Schaber, Kratzer, Beile und Faustkeile. Da die Werkzeuge aus Holz nicht so haltbar waren wie die aus Stein, fand man aus dieser Zeit fast nur noch Steinwerkzeuge.

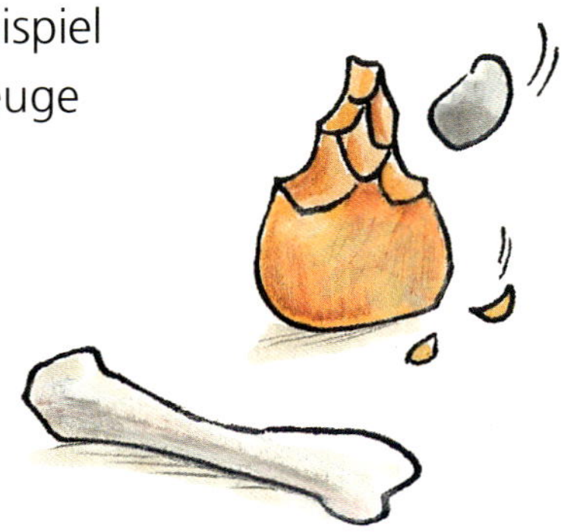

Man nennt deshalb die gesamte Zeit, in der diese Menschen gelebt haben, Steinzeit. Diese Zeit wird noch einmal unterteilt in Alt-, Mittel- und Jungsteinzeit.
Die Menschen der Steinzeit waren Jäger und Sammler. Sie jagten mit Holzspeeren, die tödliche Steinspitzen hatten. Mit diesen Wurfspeeren erlegten sie vor allem kleinere Tiere wie Fische, Hasen, Eidechsen und Vögel. Sie fingen auch Tiere in Schlingen und Fallgruben. Erst nach und nach wagten sie sich auch an größere Tiere heran, die viel stärker und schneller waren als sie selbst. Wenn sie zum Beispiel eine Mammutherde gesichtet hatten, schlossen sie sich zu Gruppen zusammen und verfolgten die Tiere.

Altsteinzeit
Beginn vor etwa 2,5 Mio. Jahren bis →

Die Menschen lebten an keinem festen Ort. Sie waren Jäger und Sammler.

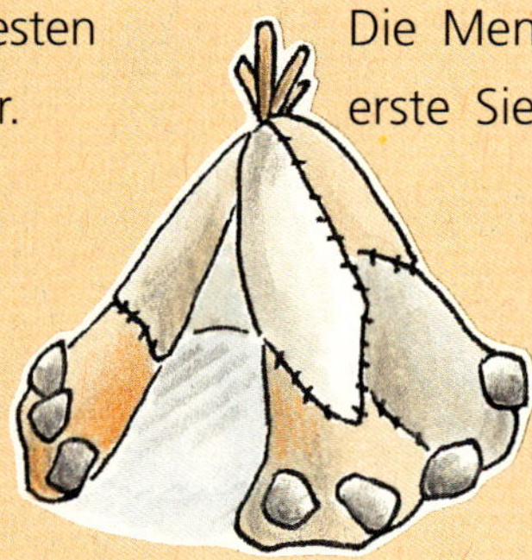

Mittelsteinzeit
Beginn vor etwa 10 000 Jahren bis →

Die Menschen gründeten erste Siedlungen.

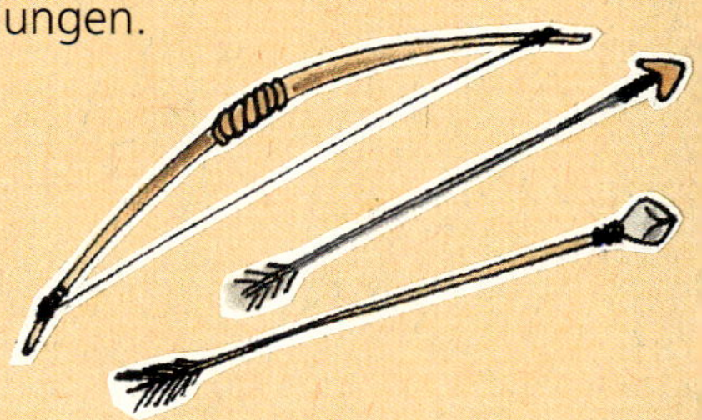

Sie trieben die Tiere mit lautem Gebrüll an einen Felsabhang oder in eine Schlucht. Die Tiere stürzten dabei zu Tode. Ein erlegtes Mammut bedeutete einen großen Fleischvorrat, von dem sie mehrere Tage leben konnten. Aus dem Fell wurden wärmende Kleidungsstücke gefertigt. Sie nähten mit Nadeln aus Knochen. Aus dem Tierfett gewannen sie Öl für Lampen. Manchmal fädelten sie die Zähne zu Halsketten auf. Wenn die Vorräte aufgebraucht waren, gingen sie erneut auf die Jagd. Die Steinzeitmenschen sammelten Beeren, Nüsse und Pilze, von denen ein Großteil als Vorrat für den Winter gelagert wurde.

Abends versammelten sie sich um ein Feuer, das zum Schutz vor Kälte und wilden Tieren die ganze Nacht hindurch brannte. Man weiß nicht genau, wann und wie das Feuer entdeckt wurde. Vor dieser wichtigen Entdeckung aßen sie alle Speisen roh. Die ersten Fladenbrote wurden auf flachen Steinen gebacken, die im Feuer erhitzt wurden. Die ersten Steinzeitmenschen kannten kein Besteck. Sie aßen mit den Fingern.

Im Laufe der Zeit veränderte sich die Lebensweise der Menschen immer wieder, neue Entdeckungen wurden gemacht und weiterentwickelt.

Originalbeitrag

Jungsteinzeit

Beginn vor etwa 8000 Jahren, Ende vor etwa 4000 Jahren

Die Menschen lebten in immer größer werdenden Siedlungen. Sie ernährten sich durch Ackerbau und Viehzucht.

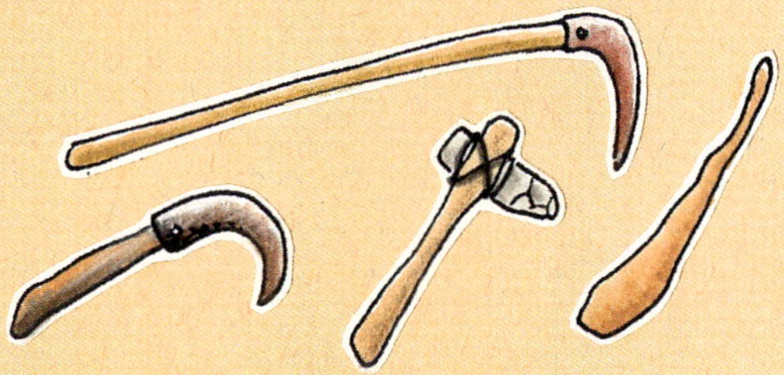

Seite 157 Seite 159 Seite 163

Kuriose[1] Erfindungen der Familie Feuerstein

Wilma Feuerstein

Fred und Wilma Feuerstein leben in Bedrock.
Die Bewohner von Bedrock wissen alles über moderne Technologien und Paare wie Fred und Wilma Feuerstein leben immer auf dem neuesten Stand. Das Leben in der modernen Steinzeit ist eben nahezu perfekt.

Fred Feuerstein

Mixer

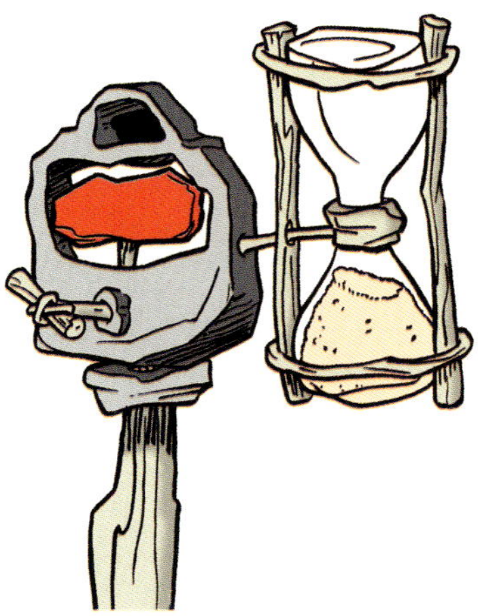

Parkuhr

Staubsauger

[1] **Kurios** bedeutet seltsam und witzig.

Verkehrsampel

Rasenmäher

Toaster

Bedienungsanleitung für den Toaster

1. Drücke auf den Startknopf.
2. Stab A setzt sich in Bewegung.
3. Dieser ist mit Stab B verbunden und drückt Stab A herunter.
4. Stab B ist mit Stab C verbunden.
5. Stab C ist mit Stab D verbunden. Dadurch senkt sich dieser und die Stäbe E und F werden nach oben geschoben.
6. Die Stäbe E und F sind jeweils mit den Schwanzträgern verbunden (und der Rest ergibt Toast!).

So stelle ich mir ein Fahrrad bei Fred und Wilma vor: Die Reifen sind aus Stein. Der Lenker …

Seite 173

Auf der Spur von ...

Inspektor Jurek und der Fall Gustavson

Der Millionenraub

Der azurfarbene Diamant

Der Schatten

Unheilvolle Minuten

Seite 173

Kleine Krimigeschichten

Eine verhängnisvolle Begegnung
Es war ein regnerischer Abend. Immer wieder verschwand der Mond hinter den Wolken. Manchmal erhellte ein schwaches Licht die Straße, dann wieder herrschte völlige Finsternis. Es war sehr windig, als ich durch die Gasse ging. Ganz kurz dachte ich darüber nach, ob es nicht zu gefährlich sei, diesen Weg zu gehen, als es auch schon passierte. …

Der Mann mit dem schwarzen Hut
Schon seit Stunden stand der Mann mit dem schwarzen Hut unbeweglich unter der Straßenlaterne. Er schaute immer wieder zum selben Fenster hinauf.
Sein Mantelkragen war hochgeschlagen, sein Gesicht war kaum zu erkennen. Plötzlich zog er etwas aus seiner Manteltasche. …

Der Millionenraub
Es war fast Mitternacht. Nur der Schein der Straßenlaterne erhellte die dunkle Gasse. Zwei finstere Gestalten schlichen an der Hauswand entlang. Plötzlich durchbrach ein lauter Schrei die Stille der Nacht. …

Der Schatten
- unheimliche Schritte
- Nebel
- …
- …
- Mondschein
- Gänsehaut

Der Schatten
Ich war auf dem Weg nach Hause.
Der Nebel war so dicht, dass ich fast nichts sehen konnte. Auf einmal …

Kalle Blomquist

Die Hauptstraße lag im tiefsten Frieden und träumte in der Sommersonne. Die Kastanien blühten. Es war kein lebendes Wesen zu sehen außer der grauen Katze vom Bäcker. Nicht einmal das allergeübteste Detektivauge konnte etwas entdecken, was darauf hindeutete, dass ein Verbrechen begangen worden war. Es war wirklich ein hoffnungsloses Unternehmen, in dieser Stadt Detektiv zu sein! Vater wollte, dass er im Geschäft anfangen sollte. Im Geschäft! Er! Ja, das könnte denen so passen, allen Mördern und Banditen! Da konnten sie drauflosmorden, ohne dass ihnen jemand auf die Finger sah, während er im Geschäft stand und Tüten drehte und grüne Seife oder Hefe abwog. Nein, wahrhaftig, er hatte nicht die Absicht, Rosineneinpacker zu werden! Detektiv oder gar nichts! Vater konnte wählen! Sherlock Holmes[1], Asbjörn Krag, Hercule Poirot[2], Lord Peter Wimsey[3], Kalle Blomquist! Er schnalzte mit der Zunge. Und er, Kalle Blomquist, hatte die Absicht, der Beste von allen zu werden.

Eines Tages wurde die Ruhe des Ortes durch einen Fremden gestört. „Was war das eigentlich für eine klapprige Bohnenstange, die hier plötzlich einfach so auftauchte? Personenbeschreibung – wollen mal sehen“, dachte Kalle. Aus Prinzip merkte er sich das Aussehen aller unbekannten Personen, die ihm über den Weg liefen.

Ein Fall für Spürnasen

Im Spürnasen-Klub sind Detektive am Werk, die messerscharf nachdenken, genau beobachten, klug kombinieren und geheime Nachrichten entschlüsseln. So lösen sie viele spannende Kriminalfälle. Du kannst es ihnen gleichtun.

Diesmal hat ihr Chef, Herr G. Heim, seine beiden besten Leute K. Ombiniere und D. Enkenach in eine Villa geschickt, in der es scheinbar spukt. Auf dem Dachboden sind nachts Geräusche zu hören, doch es lässt sich niemand erwischen. Dort angekommen gehen die beiden Detektive direkt ins Dachgeschoss. Von einem Flur zweigen sieben Türen ab. Frau Schwarz, die Hausbesitzerin, gibt ihnen einen Schlüsselbund — aber nur mit sechs Schlüsseln. Welcher Schlüssel gehört zu welchem Zimmer?

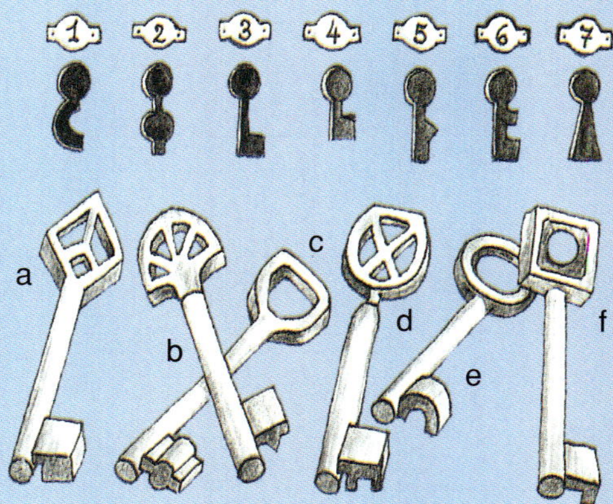

sprich: [1] „Schörlock Houhms“, [2] „Erkül Poaro“, [3] „Lort Piter Wimsi“

Wer weiß, wie viele von ihnen wirklich anständige Menschen waren! Personenbeschreibung: braunes, hochgekämmtes Haar, braune Augen, zusammengewachsene Augenbrauen, gerade Nase, leicht vorstehende Zähne, kräftiges Kinn, grauer Anzug, braune Schuhe, kein Hut, brauner Reisekoffer, nennt sich Onkel Einar. Das war wohl alles. Nein – er hatte ja eine kleine rote Narbe auf der rechten Wange. Kalle merkte sich alle Einzelheiten.

Etwas Geheimnisvolles umgab den Fremden. Dem musste Kalle natürlich auf die Spur kommen.

Gott sei Dank, Onkel Einar schlief! Unendlich leise kroch Kalle über das Fensterbrett. Hin und wieder hielt er an um zu lauschen. Aber alles war ruhig …

„Vielleicht hat Tante Mia ihm Rattengift gegeben, da er so fest schläft“, dachte Kalle. Kalle legte sich platt auf den Bauch und schlängelte sich vorsichtig zu seinem Opfer hin. Reine Routinearbeit!

Was für ein Glück! Onkel Einars rechte Hand hing schlaff an der Bettkante. Kalle brauchte sie nur zu nehmen und dann …

Gerade da murmelte Onkel Einar etwas im Schlaf und warf seine Hand über das Gesicht. Bum, bum, bum – Kalle fragte sich, ob eine Dampfmaschine im Zimmer versteckt sei.

Aber es war nur sein Herz, das klopfte, als ob es Lust hätte herauszuspringen. Indessen schlief Onkel Einar weiter.

Jetzt lag die Hand auf der Bettdecke.

Da ist leider nichts zu machen. Das Zimmer mit der Nummer 7 können sie nicht betreten. So legen sich die beiden am Abend auf die Lauer.
Im Garten ist es stockdunkel und sie sind hinter einem dichten Laubgebüsch gut getarnt. Aus der Ferne hören sie einen Uhu. Einen Uhu? Vom Haus her antwortet auch einer.
Plötzlich huscht eine Gestalt vom Haus zum Gartentor und trifft dort eine große, kräftige Gestalt, die wie aus dem Nichts aufgetaucht ist. Beide flüstern miteinander und sind auch schon wieder verschwunden.
„Mist“, schimpfen die Detektive, „in der Dunkelheit war gar nichts zu erkennen.“ Doch bei ihrer Suche am Gartentor finden sie diesen Zettel:
Welche Nachricht ist hier versteckt?

Kalle öffnete den Deckel des Stempelkissens und vorsichtig, als ob er glühende Kohlen anfasste, nahm er Onkel Einars Daumen und drückte ihn gegen das Stempelkissen. „Äh – puh“, sagte Onkel Einar.

Jetzt kam es darauf an, das Stück Papier hervorzuholen. Wo um alles in der Welt hatte er es gelassen? Das war ja reizend! Da lag sein Schurke mit Stempelfarbe am Daumen, alles war wie vorbereitet für ihn, und nun fand er das Papier nicht – ja, jetzt hatte er es! Da war es! In der Hosentasche! Mit großer Vorsicht drückte er Onkel Einars Daumen gegen das Papier. Die Sache war in Ordnung. Er hatte den Fingerabdruck und er hätte nicht zufriedener sein können, wenn er eine weiße Maus bekommen hätte oder was sein Herz sonst am meisten begehrte.

Jetzt langsam zurückkriechen und sich über das Fensterbrett schwingen! Das war ja so einfach. Ja, alles wäre sicher wie geplant gegangen, wenn Tante Mia nicht so ein Blumenfreund gewesen wäre.

In der anderen Hälfte des Fensters, in der, die nicht offen war, stand eine kleine bescheidene Pelargonie[1].

Kalle erhob sich vorsichtig aus seiner liegenden Stellung und …

Einen Augenblick lang glaubte er, dass es ein Erdbeben oder eine andere Naturkatastrophe war, was diesen schrecklichen Lärm verursachte. Und es war doch nur ein armer, kleiner Blumentopf.

Kalle stand aufrecht am Fenster mit dem Rücken zu Onkel Einars Bett. „Jetzt sterbe ich“, dachte er, „und das ist nur gut.“ Mit jeder Faser seines Wesens hörte und fühlte und begriff er, dass Onkel Einar

Zurück im Haus entdecken sie auf dem Teppich eine Fußspur. D. Enkenach überträgt sie genau auf ein Papier und gemeinsam untersuchen sie die Schuhe der Hausbewohner.
Welche Schuhe haben die Abdrücke hinterlassen?

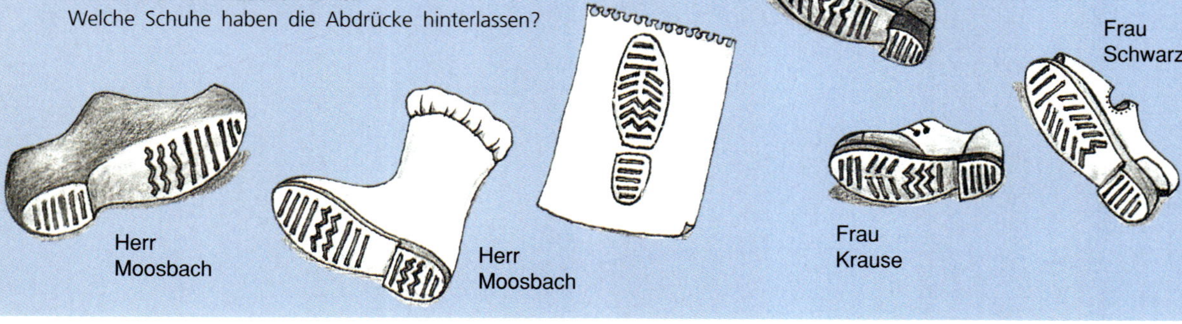

[1] Eine **Pelargonie** ist eine Blütenpflanze.

aufgewacht war. Kein Wunder übrigens, dieser Blumentopf hatte wahrhaftig einen Krach gemacht, als ob alle Töpfe in einem Blumenladen runtergefallen wären.

„Hände hoch!“ Es war Onkel Einars Stimme, aber doch nicht seine Stimme. Sie klang, ja – sie klang wie Stahl.

Es ist immer am besten, einer Gefahr gerade ins Auge zu sehen. Kalle drehte sich um und blickte direkt in eine Revolvermündung. Ach, in der Fantasie hatte er es so viele, viele Male getan und es hatte ihm niemals etwas ausgemacht. Mit einem schnellen Schlag hatte er den Kerl überrumpelt, der auf ihn gezielt hatte, und mit einem „Nicht so eilig, bester Herr“ hatte er ihm geschickt den Revolver entwunden.

In der Wirklichkeit ging es etwas anders zu. Kalle hatte wohl viele Male in seinem Leben Angst gehabt.

Er hatte Angst gehabt, als der Hund vom Bankdirektor ihn einmal auf dem Marktplatz angefallen hatte und als er im Winter in ein Eisloch gefallen war, aber nie, niemals hatte er eine so lähmende, quälende Angst gefühlt wie in dieser Minute.

Astrid Lindgren

Zufrieden mit ihrem Ergebnis beschließen sie für heute Schluss zu machen, denn der spukende Unbekannte ist ja gewarnt: *Vorsicht, wir werden beobachtet.*
Am anderen Tag finden sie auf dem Weg zum Gartentor frische Reifenspuren, die sich wegen der Feuchtigkeit gut gehalten haben.
K. Ombiniere zeichnet sie auf und D. Enkenach überprüft mit der Skizze die Autos der Hausbewohner.
Von welchem Auto stammen die Reifenspuren?

Seite 177

Seite 181

Handfeste Spuren: Fingerabdrücke

Fingerabdrücke kennt jeder. Schon 1892 wurde in La Plata (Südamerika) erstmals ein Täter durch einen Fingerabdruck überführt. 1897 gelang es Scotland Yard, den ersten Verbrecher anhand seiner Fingerspur zu identifizieren[1]. Seitdem werden diese Abdrücke benutzt, um Tatverdächtige zu überführen. Dazu musst du wissen: Jeder Finger ist anders. Nimm eine Lupe und schau deine Fingerkuppen an. Die Anordnung der Rillen ist so einzigartig, dass es auf der Welt keine zwei Menschen gibt, die gleiche Muster haben. Auch eineiige Zwillinge haben verschiedene Abdrücke. Finger sind immer etwas fettig und feucht. Daher hinterlassen sie überall Abdrücke des Rillenmusters, auch wenn diese mit dem Auge nicht sichtbar sind. Besonders deutlich sind sie auf glatten oder glänzenden Oberflächen, wie Fensterscheiben, Trinkgläsern oder polierten Flächen. Diese dem bloßen Auge verborgenen Abdrücke können sichtbar gemacht werden. Damit die Abdrücke nicht verwischen, werden Pinzetten verwendet, um kleine Gegenstände genauer anzuschauen. Schubladen werden mit einem Bleistift geöffnet, um sie nicht zu berühren. Gläser oder Tassen werden hochgehoben, indem man die Hand hineinsteckt und die Finger spreizt. In Fernsehkrimis kannst du das Vorgehen der Beamten von der Spurensicherung sehen. Auch die ***echten*** Ermittler machen es so.

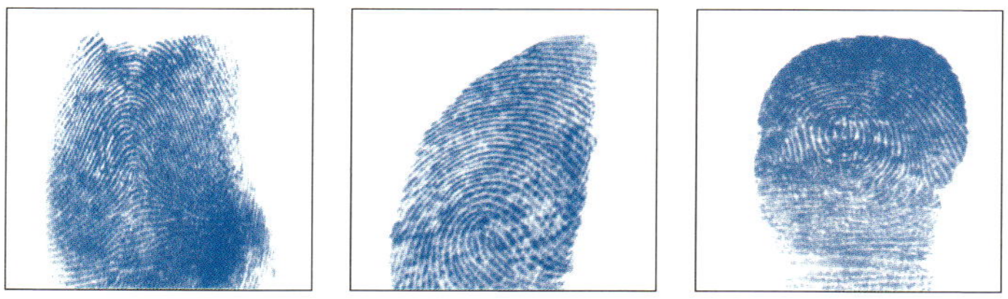

Fingerabdrücke lassen sich in drei Grundmuster einteilen: Bogen, Wirbel, Schleife.

Ganz beiläufig fragen sie später Frau Schwarz, wem denn der gelbe Kombi gehöre. „Dem Gärtner, Herrn Moosbach“, war die Antwort. Also war Herr Moosbach noch einmal nachts unterwegs gewesen. Doch was konnte der Grund dafür sein? Entschlossen suchen sie Herrn Moosbach in der Garage auf. Dort angekommen, macht K. Ombiniere große Augen. Er sieht den Schlüssel zum 7. Zimmer! Wo ist der Schlüssel zum 7. Zimmer?

[1] **Identifizieren** bedeutet herausfinden, etwas kenntlich machen.

Das einfachste Verfahren ist das Einstäuben des Abdrucks mit feinsten Ruß- oder Graphitteilchen. Mittels einer Magnetbürste wird Magnetpulver (mit Ruß- oder Aluminiumpulver eingefärbtes Eisenpulver) aufgetragen. Dort, wo die Rillen der Fingerkuppen Fettspuren hinterlassen haben, bleibt das Pulver haften. Der Abdruck wird sichtbar. Anschließend wird ein breiter transparenter Klebestreifen darüber geklebt und mit einer Rolle fest angepresst. Das Pulver bleibt nun in genau der Lage am Klebeband haften und lässt sich mit ihm abziehen. Auf ein weißes Papier geklebt, ist der Abdruck ein Beweismittel. Die Person, zu der dieser Abdruck gehört, muss am Tatort gewesen sein. Ist nun ein Verdächtiger ermittelt, so werden ihm auf der Polizeistation die Fingerabdrücke genommen: Dazu wird Druckerschwärze auf eine Glasplatte aufgewalzt. Darauf wird nacheinander jeder Finger gedrückt und anschließend auf einer Karteikarte abgerollt. Mit einer Lupe können nun erste Vergleiche angestellt werden. Computer schaffen Fingerabdruckvergleiche in kürzester Zeit. Über 18 Millionen Abdrücke sind im Zentralcomputer des Bundeskriminalamtes in Wiesbaden registriert[2]. Der Computer benötigt nur 120 Sekunden, um einen Abdruck mit diesen zu vergleichen und um so den Täter ausfindig zu machen. Immer wieder werden neue Verfahren zur Spurensicherung entwickelt. Viele Spuren sind nur schwer sichtbar zu machen, z. B. auf Plastik, Stoff oder Leder. Bei der Sicherung von Fingerspuren gibt es fast nichts, was es nicht gibt, auch nicht nach mehr als 100 Jahren Daktyloskopie. Das ist der Fachausdruck für die Sicherung der Fingerabdrücke. Gib diesen Begriff, wenn du im Internet surfst, in eine Suchmaschine ein und du wirst viele weitere Beiträge finden.

Bei so viel Leichtsinn bleibt dem Gärtner keine andere Wahl. Er muss den Schlüssel herausgeben. Sofort gehen alle drei in das bisher versperrte Zimmer. Die Detektive staunen nicht schlecht: Das ist ein richtiges Maleratelier. Und als D. Enkenach beweist, dass es Herr Moosbach ist, der in dem Zimmer malt, gibt dieser die ganze Geschichte zu: Er fälschte schon seit längerem die wertvollen Gemälde von Frau Schwarz und hängte die Fälschungen auf. Die Originale hob er in seiner Wohnung auf und wollte sie später verkaufen. Frau Krause half ihm dabei. So ist wieder ein Fall gelöst.

Was bewies aber, dass Herr Moosbach der Maler in dem Atelier war?

Lösungen: Seite 191

[2] **Registrieren** bedeutet eintragen, feststellen, sammeln.

Drei in der Espressobar

Sergeant Bright von der Kriminalpolizei saß mit dem Polizeispitzel Joe Grasser an einem Tisch in der Espressobar.
An einem anderen Tisch an der gegenüberliegenden Wand saßen drei Männer und sprachen miteinander.
„Sie sagen also, diese drei seien als Slicker, Carlos und Pug bekannt, Joe“, sagte der Kriminalbeamte. „Aber wer ist wer? Ich vermute, dass der mit der Zigarre Carlos ist, der mit dem Hut Slicker und der mit dem Schnurrbart Pug.“
„Falsch! Alle drei falsch“, sagte Joe.
In diesem Augenblick stand der Mann mit dem Schnurrbart auf. „Es ist Zeit, Slicker, gehen wir“, sagte er. Die beiden anderen standen auch auf und alle drei verließen die Espressobar.
„Sie haben schlecht geraten, Sergeant“, sagte Joe. „Versuchen Sie es noch einmal.“
„Nicht nötig, Joe“, antwortete der Kriminalbeamte. Und er benannte die drei Männer korrekt. „Dass Sie mir gesagt haben, ich hätte sie alle drei falsch geraten, und die paar Worte von dem Mann mit dem Schnurrbart haben gereicht; mehr brauchte ich nicht, um die Namen richtig zuzuordnen.“

Kannst du die Namen auch richtig zuordnen?

Falcon Travis

Lösung: Seite 191

Flucht nach vorn

Die Lakritzbande – das sind Leo, Lars, Philipp, Caro und Flo. Gemeinsam versuchen die fünf Detektive, den Ganoven das Leben schwer zu machen. Auf Leo, der auch Kopf der Bande ist, und Kriminalkommissar Lars wartet ein neuer Fall.

Beim Diebstahl der Madras-Statue im Völkerkundemuseum hatte der Täter seine Brille verloren.
Detektiv Leo entdeckte sie in der aufgebrochenen Vitrine. Im Vorraum des Museums drängten sich inzwischen zahlreiche Besucher, denn sofort, nachdem der Alarm ausgelöst worden war, wurde der Bereich vor dem Ausgang von den Museumswärtern abgesperrt und kontrolliert. Aber das kostete Zeit. Inzwischen war es bereits 17:30 Uhr und das Museum wurde offiziell geschlossen. Die Besucher strömten in Scharen zum Ausgang.

„Es ist sinnlos hier herumzustehen", stöhnte Leo, „der Dieb ist sicher rechtzeitig entwischt, bevor das Museum abgeriegelt wurde, und mit der geklauten Statue schon längst über alle Berge."
Auch Lars war ziemlich ratlos.
„Keine auffällige Person und keine Spur von der gestohlenen Statue", flüsterte er.
„Aber vielleicht wird uns die gefundene Brille weiterhelfen können", entgegnete Leo, „jemand muss sie immerhin vermissen. Hoppla …", Leo stockte plötzlich der Atem, „schau mal, Lars, ich weiß, wem sie fehlt."

Julian Press

Vom Buch zum Film

Cornelia Funke, Herr der Diebe, 2000

Herr der Diebe

Für alle Leseratten, die Lust auf ein Abenteuer haben, ist **Herr der Diebe** das richtige Buch.
Sechs Kinder schlagen sich durch das winterliche Venedig.
Ihr Anführer ist Scipio, der Herr der Diebe.

Herr der Diebe

Niemand kennt seinen wahren Namen und seine Herkunft. Der Herr der Diebe ist der geheimnisvolle Anführer einer Kinderbande in Venedig. Prosper und Bo, zwei Ausreißer, die auf der Flucht vor ihrer Tante Esther sind, haben Unterschlupf bei der Bande gefunden.

Bo wusste genau, dass sie es nur Scipio zu verdanken hatten, dass sie nicht mehr auf der Straße schlafen mussten, jetzt wo abends der Nebel über den Kanälen hing und feucht und grau durch die Gassen zog. Scipio hatte mit seinen Raubzügen den Geldbeutel gefüllt, mit dem sie heute die Nudeln und das Obst bezahlt hatten.

Scipio hatte die Schuhe besorgt, die Bo die kalten Füße wärmten – auch wenn sie ihm etwas zu groß waren. Scipio sorgte dafür, dass sie essen konnten, ohne dafür stehlen zu müssen, und nur durch ihn hatten sie plötzlich wieder ein Zuhause, ohne Esther. Aber Scipio war ein Dieb.

Die Gassen, durch die sie kamen, wurden enger. Still wurde es zwischen den Häusern und bald waren sie im verborgenen Herzen der Stadt, wo man nur selten auf Fremde stieß. Das Haus, in dem ihr Versteck war, stand zwischen den anderen wie ein Kind zwischen Erwachsenen, flach und schmucklos zwischen all den höheren Giebeln. Mit vernagelten Fenstern blickte es auf die Gassen hinaus.

An den Mauern klebten verblichene Filmplakate und ein Rollladen, breit und rostig, verschloss die Eingangstür. Große Leuchtbuchstaben hingen schief darüber: STELLA. Leuchten tat er längst nicht mehr, der Name des verlassenen Kinos, das so gar nicht in die alte Stadt zu passen schien. Aber das war denen, die es jetzt beherbergte, nur recht.

Eine Wasserratte huschte erschrocken davon, als die Kinder sich den engen Gang hinuntertasteten. Der Weg führte zu einem Kanal, wie so viele Gassen und Gänge der Stadt, aber Wespe, Prosper und Bo folgten ihm nur bis zu einer Metalltür, die auf der rechten Seite in der fensterlosen Mauer war. Mit ungelenken Buchstaben hatte jemand *vietato l'ingresso* darauf gepinselt, Betreten verboten. Früher war dies einer der Notausgänge des Kinos gewesen, jetzt verbarg sich hinter der Tür ein Versteck, von dem nur sechs Kinder etwas wussten. Der Herr der Diebe schlief nie bei seinen Schützlingen im Sternenversteck. Keiner von ihnen wusste, wo Scipio die Nächte verbrachte, und er redete nicht darüber. Sie hatten sich daran gewöhnt: Ihr Anführer kam und ging, wie er wollte. Manchmal tauchte er drei Tage hintereinander auf, dann wieder sahen sie ihn fast eine Woche nicht. Doch heute wollte er kommen.

Fest versprochen hatte er es. Und wenn Scipio ankündigte, dass er kam, dann kam er auch. Wann, wusste man allerdings nie.

Prosper wusste nicht, was ihn geweckt hatte, Riccios Gemurmel im Schlaf oder Scipios leise Schritte. Als er hochfuhr, löste sich die schmale Gestalt aus der Dunkelheit, als träte sie aus einem bösen Traum. Kinn und Mund leuchteten hell unter der schwarzen Maske, die Scipios Augen verbarg. Die lange, gekrümmte Nase gab ihm das Aussehen eines gespenstischen Vogels. Er war kaum älter als Prosper, obwohl er gern den Erwachsenen spielte, und ein ganzes Stück kleiner als Mosca, selbst mit den hochhackigen Stiefeln, die er immer trug. Viel zu groß waren sie ihm, aber immer auf Hochglanz poliert, schwarze Lederstiefel, schwarz wie die seltsame lange Jacke, ohne die man ihn nie zu Gesicht bekam.

Mit einem Lächeln nahm der Herr der Diebe einen schwarzen Beutel von der Schulter. „Ich musste meine Pläne kurzfristig ändern!", verkündete Scipio, sobald alle um ihn herumstanden, und warf Riccio eine zusammengefaltete Zeitung zu. „Lies vor. Seite vier. Ganz oben."

„Spektakulärer Einbruch im Palazzo Contarini“, las Riccio stockend vor. „Wertvoller Schmuck und diverse Kunstgegenstände geraubt. Keine Spur von den Tätern!“ Im Palazzo Contarini …“, er schwenkte den Beutel, den er mitgebracht hatte, vor Riccios Nase, „… war auch einiges zu holen.“ Einen Augenblick lang weidete er sich an den gespannten Gesichtern um ihn herum, dann hockte er sich im Schneidersitz vor den Sternenvorhang und schüttete den Inhalt des Beutels vor sich auf den Boden.
Silberne Löffel blitzten auf dem frisch gefegten Boden, ein Medaillon, eine Lupe, um deren Griff sich eine geschuppte Silberschlange wand, und eine goldene Zange, besetzt mit winzigen Steinchen, deren Griff wie eine Rose geformt war. Bo beugte sich mit großen Augen über Scipios Beute. Vorsichtig, als könnten ihm die Kostbarkeiten zwischen den Fingern zerbrechen, nahm er ein glitzerndes Teil nach dem anderen in die Hand, betastete es und legte es wieder zu den anderen. „Alles ganz echt, oder?“, fragte er und sah Scipio an. Der nickte nur spöttisch, reckte die Arme, zufrieden mit sich und der Welt, und ließ sich auf die Seite sinken.

„Nun, was sagt ihr? Bin ich der Herr der Diebe?“ Riccio nickte nur andächtig und selbst Wespe konnte nicht verbergen, dass sie beeindruckt war. „Mann, irgendwann werden sie dich doch noch mal erwischen“, murmelte Mosca, während er die Schlangenlupe bestaunte. „Ach was!“ Scipio rollte sich auf den Rücken und blickte zur Decke hinauf. „Zugegeben, diesmal war es etwas knapp.“

Cornelia Funke

Frankreich

England

Japan

Das Buch **Herr der Diebe** ist in etwa 30 Ländern erschienen.

Seite 171

Seite 177

Alles über mich

Meine Arbeit – das Bücherschreiben – macht mir so viel Spaß, dass ich gar nicht ohne sie leben könnte. Aber es hat ziemlich lange gedauert, bis ich wusste, dass dies genau das ist, was ich tun soll. Als Kind wollte ich Astronautin werden (bis ich erfuhr, dass man dazu erst mal zum Militär muss), dann dachte ich darüber nach, Pilotin zu werden oder zu den Indianern zu ziehen. Schließlich stellte ich fest, dass man mit Talenten, die man mitbekommen hat, wohl auch etwas anfangen muss, um glücklich zu sein. Also wurde ich Buchillustratorin[1], denn gezeichnet hatte ich schon immer sehr gern. Aber die Geschichten, für die ich Bilder finden sollte, gefielen mir oft nicht, und so schrieb ich mir schließlich selbst eine. Dabei entdeckte ich, dass ich eine Geschichtenerzählerin bin und dass ich nichts lieber und nichts besser kann. Ich glaube, ich begriff im steinalten Alter von 35, welches Talent mir in die Wiege gelegt wurde. Ich habe zwei Kinder namens Ben und Anna. Wir haben zwei Islandpferde, eine Hündin, ein Meerschwein und leben am Stadtrand von Hamburg. Ach ja – und zum Glück gefällt meinen Kindern mein Beruf. Und ihren Freunden gefallen meine Bücher. (Das Gegenteil wäre natürlich ziemlich peinlich für sie.)

Cornelia Funke

Cornelia Funke zeichnet die Bilder in vielen ihrer Bücher selbst. Den Löwen kann man in Italien an vielen Gebäuden finden. Dieser Löwe ist ein Türklopfer.

Überprüfe diese Aussagen mit passenden Textstellen:
1. Cornelia Funke schreibt gerne Bücher.
2. Cornelia Funke kann gut zeichnen.
3. Cornelia Funke mag Tiere.

[1] Eine **Illustratorin** zeichnet die Bilder für Bücher.

 Seite 161

So sieht die Homepage von Cornelia Funke aus:

Die Welt der Cornelia Funke -> Cornelia Funke

http://www.corneliafunke.de/index.php?idcat=5

Startseite | Geschichten | Kino | Verlage | Cornelia Funke | Fanbereich | Briefe | Termine

Wie kommen Sie auf die Ideen zu Ihren Geschichten?
Manchmal sind die Ideen einfach plötzlich da.
Es können auch Dinge oder Orte Anstoß geben.
Beim „Herrn der Diebe“ hat Venedig großen Einfluss auf die Geschichte gehabt. Ich liebe Venedig und war schon oft dort.

Wie lange brauchen Sie für ein Buch?
Das ist unterschiedlich. Für die dickeren Bücher „Drachenreiter“, „Herr der Diebe“, „Tintenherz“ brauche ich ungefähr ein Jahr. „Die wilden Hühner und die Liebe“ habe ich dagegen in nur einem Monat geschrieben.

Wie läuft ein Autorentag ab?
Wenn meine Kinder in der Schule sind, gehe ich mit Hündin Luna zu meinen beiden Islandponys. Dann wird der Stall ausgemistet und die Pferde auf die Weide gebracht. Danach schreibe ich im Durchschnitt 5–6 Stunden in meinem Arbeitszimmer.

Cornelia Funke hat schon über 40 verschiedene Bücher geschrieben. Sie schreibt nicht nur Bücher für Kinder, sondern auch für Erwachsene, wie zum Beispiel **Tintenherz** und **Drachenreiter**.

Seite 159

Cornelia Funke in Venedig: Expertin in Sachen Kino

(dpa)[1] Buchverfilmungen sind ein heikles Geschäft. Kino funktioniert anders als ein Buch, das die Bilder im Kopf entstehen lässt. „Ich sehe Harry Potter heute noch anders als er in den Filmen aussah", meint die Autorin Cornelia Funke. Mit *Herr der Diebe* wird zurzeit der erste ihrer Bestseller für das Kino umgesetzt. Die Filme *Tintenherz* und *Drachenreiter* sind in Hollywood in Vorbereitung.

„Das ist für mich wahnsinnig spannend", sagte Cornelia Funke bei den Dreharbeiten zu *Herr der Diebe* in Venedig. „Schließlich bin ich ein absoluter Kinofan."

Die Autorin hat zusammen mit ihrem Mann und den beiden Kindern die Filmcrew in Venedig besucht. „Ich hatte hier in Venedig kein Problem, die Figuren aus meinem Buch zu erkennen. Das sieht alles sehr gut aus", meint die Schriftstellerin zufrieden. Der Film wird in englischer Sprache mit englischen Schauspielern gedreht.

Schnell noch eine Hand voll Taubenfutter vor die Füße der Schauspieler geworfen, dann heißt es „Action!". Scipio, der Herr der Diebe,

Cornelia Funke mit „Diebe-Darstellern" in Venedig

rennt mit seiner jungen Bande über den Markus-Platz. Verfolgt von der Kamera bahnen sich die Kinder einen Weg durch die aufflatternden Vögel.

Die Produktion hat 13 Millionen Euro gekostet. Der britische Produzent Daniel Musgrave sagt, dass Cornelia Funke eine echte Expertin in Sachen Kino ist. Deshalb war sie auch an allen wichtigen Entscheidungen zum Film beteiligt.

Daniel Musgrave hat das Drehbuch zum Film geschrieben. Der Deutsche Richard Claus ist der Regisseur des Films. Die beiden haben auch schon den *Kleinen Vampir* für das Kino umgesetzt.

nach Karin Zintz, dpa

[1] **dpa** steht für **D**eutsche **P**resse**a**gentur

Drehbuch zu „Herr der Diebe"

So sieht eine Seite aus dem Original-Drehbuch zu **Herr der Diebe** aus. Im Buch kann man diese Szene so nicht nachlesen, weil sie von den Drehbuchautoren neu geschrieben wurde.

<u>CANALE GRANDE – NACHT</u>
Ein Boot gleitet in den weiten Kanal hinaus mit Scipio am Steuerrad und den anderen als Passagieren. Sie jauchzen vor Vergnügen.

<u>MOSCA</u>
Wow, Scip! Wie hast du das gestohlen?

<u>SCIPIO</u>
Nichts ist sicher vor dem Herrn der Diebe.

<u>RICCIO</u>
Schneller, Scip, schneller!

Scipio drückt den Gashebel auf Vollgas.

Auf einmal ist Blaulicht zu sehen, begleitet von der Sirene eines Polizeibootes. Eine Verfolgungsjagd beginnt.

<u>MOSCA</u>
Los Scip, gib Gas. Gib Gas.

Das Polizeiboot kommt näher.

<u>RICCIO</u>
Schneller, schneller!

Scipio jagt mit Vollgas auf die enge Öffnung eines Seitenkanals zu, dicht gefolgt von der Polizei. Er donnert durch den engen Kanal und grinst vor Vergnügen.

Scipio biegt noch einmal ab und fährt in einen engen Wassertunnel. Das Polizeiboot ist direkt hinter ihnen. Als sie den Tunnel passieren, streckt Scipio seine Hand aus und zieht fest an einem Seil, das von der Decke baumelt.

Hinter ihnen fällt ein Ruderboot ins Wasser. Die Polizei ist zu dicht dran, um anzuhalten und kracht gegen das Hindernis.

<u>CANALE GRANDE – NACHT</u>
Scipios Boot fährt durch eine schmale Öffnung nach draußen, zurück in die Weite des großen Kanals.

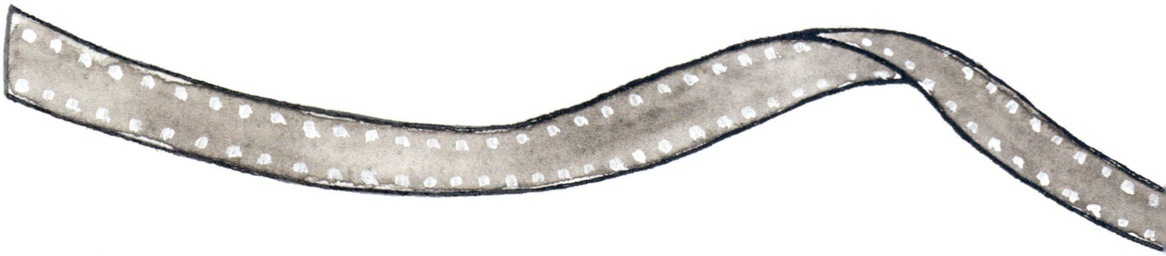

Durch die Kamera geschaut

Beim Filmen gibt es verschiedene Kameraeinstellungen.
Sie werden je nach dem Inhalt der Szene eingesetzt.
Jede Einstellung wirkt auf den Zuschauer anders.

Die **Totale**
erschafft einen Überblick.
Sie wird oft am Filmanfang oder
dem Anfang einer Szene eingesetzt.
Sie zeigt Personen und ihre Umgebung.

Die **Nahaufnahme**
rückt Dinge oder Personen
in den Mittelpunkt. Diese Einstellung
wird oft gebraucht, wenn Personen
miteinander sprechen.

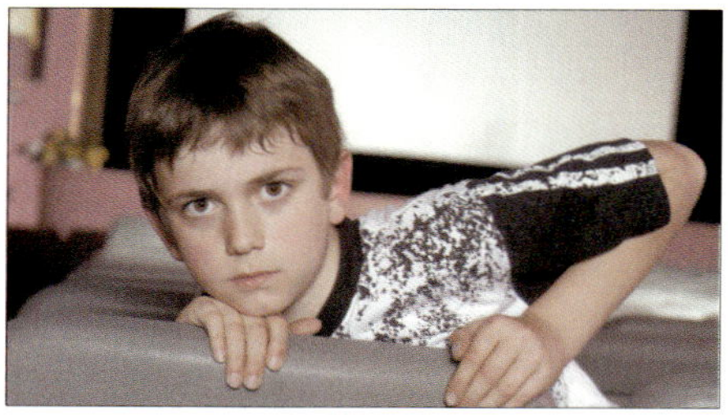

Die **Großaufnahme**
zeigt eine wichtige Sache
ganz groß über den ganzen Bildschirm.
Bei Filmhöhepunkten wird sie häufig
eingesetzt.

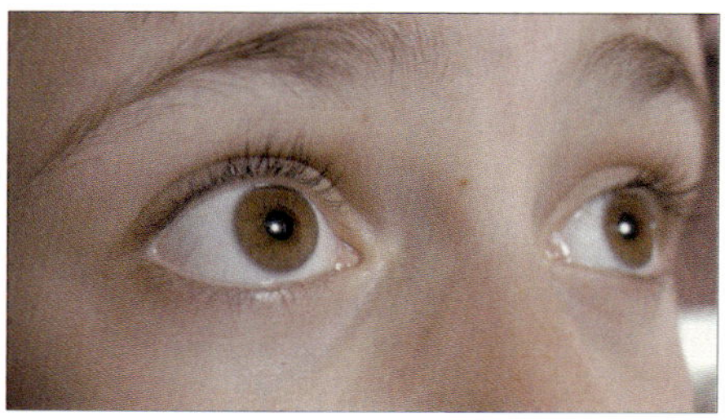

Die **Detailaufnahme**
zeigt nur noch einen Ausschnitt
(ein Detail) einer Sache oder Person.
Sie wird häufig zur Steigerung
der Spannung eingesetzt.

Originalbeitrag

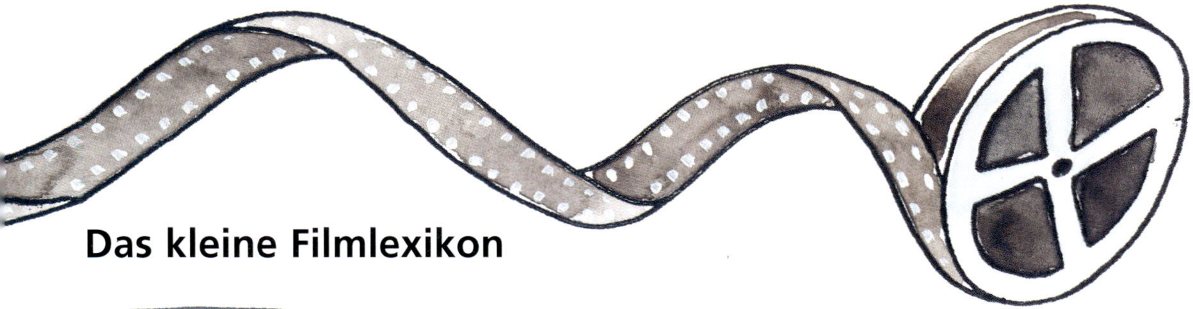

Das kleine Filmlexikon

D

Drehbuch Das Drehbuch ist die Grundlage für den Film. Darin stehen zum Beispiel die Sprechtexte für die Schauspieler mit Anweisungen, wie gesprochen werden soll und wie sie sich dabei bewegen sollen.

F

Filmcrew Als Filmcrew werden alle Personen bezeichnet, die an der Entstehung eines Filmes beteiligt sind.

Filmproduzent Der Produzent verwaltet das Geld, das für den Filmdreh ausgegeben werden darf. Er achtet beim Gestalten des Films darauf, dass z. B. die Schauspieler und die Requisiten nicht zu teuer werden.

Filmrolle Ein Schauspieler versetzt sich für einen Film in eine Person, die er im echten Leben nicht ist. Er spielt diese Rolle nur für den Film. Er tut dabei so, als wäre er diese Person, damit es für die Zuschauer echt wirkt.

K

Kameramann Der Kameramann führt die Kamera. Er ist dafür zuständig, dass die Schauspieler und Drehorte im Film gut in Szene gesetzt werden. Dabei wechselt er zwischen verschiedenen Kameraeinstellungen.

M

Maskenbildnerin Die Maskenbildnerin schminkt und frisiert die Schauspieler.

R

Regisseur Ein Regisseur hat die künstlerische Verantwortung für einen Film. Er wählt die Schauspieler und die Drehorte aus. Er achtet darauf, dass das Drehbuch richtig umgesetzt wird.

S

Synchronsprecher Synchronsprecher sind Schauspieler, die ihre Stimme einsetzen, um Filme, die nicht auf Deutsch gedreht wurden, ins Deutsche zu übertragen.

Ein Riese muss immer aufpassen

Paul Klee, Mit dem Adler, 1918

Es war einmal ein Junge, der lebte mit seiner garstigen Stiefmutter und seiner faulen Stiefschwester in einem kleinen Haus am Waldrand. Der Junge musste hart arbeiten: Von früh bis spät wurde er in den Wald geschickt, um Holz zu schlagen.
Eines Nachts träumte er von …

 Seite 173

Ein Riese muss immer aufpassen

Abends, vor seiner riesengroßen Hütte,
saß der Riese.
„Na schön“, so sprach der Riese
nach einer guten Stunde,
„jetzt muss ich also wieder einmal alle,
alle Türen meiner riesigen Hütte zuschließen
mit demselben Schlüssel,
den ich von meinem Großvater geschenkt bekam,
als ich noch klein war.“
Hier schwieg der Riese.

Dann sagte er:
„Und weshalb muss ich das tun? Weshalb?
Nur wegen der Zwerge, die uns Riesen immer
irgendwas wegnehmen mitten in der Nacht,
winzige Sachen, wie sie sagen:
Häuser, Freunde, Berge, den Abendstern!“

Günter Bruno Fuchs

Überprüfe diese Aussagen mit passenden Textstellen:
1. Der Riese bewacht seine Hütte.
2. Die Zwerge bestehlen den Riesen.
3. Der Riese hat Angst.

Seite 161

Der Aufzug

In Rosenheim wohnte ein Mädchen, das hieß Rosa und hatte rote Haare. Es wohnte mit seinen Eltern ganz oben in einem Hochhaus, im achten Stock. Jeden Werktagmorgen, wenn Rosa zur Schule musste, stieg sie in den Aufzug, drückte die Taste, auf der „E“ stand, und fuhr hinunter. Jeden Mittag, wenn Rosa nach Hause kam, stieg sie in den Aufzug, drückte die Taste, auf der „8“ stand, und fuhr hinauf. Es war ein ganz gewöhnlicher Aufzug in dem Hochhaus, mit einer Metalltür, die beim Aufgehen zur Seite glitt und irgendwo hinter der Wand verschwand, mit einer milchigen Deckenbeleuchtung, einer breiten Haltestange aus Aluminium und einem schmalen Spiegel. Links neben der Tür gab es eine Reihe von viereckigen Knöpfen, die Zahlen oder Buchstaben zeigten:

8 7 6 5 4 3 2 1 E und U.

Einmal, als ihre Eltern abends in die Volkshochschule gegangen waren, lag Rosa lange wach und konnte nicht einschlafen. Da hörte sie draußen vor der Flurtür das Surren des Aufzugs, der höher und höher kam, bis er schließlich oben im achten Stock anhielt. Es machte „kling“, wie immer, wenn der Aufzug sein Ziel erreicht hatte und seine Tür sich öffnete. Sie hörte auch deutlich das Rumpeln, mit dem sich die Metalltür zur Seite schob, aber dann blieb es merkwürdig still.
Niemand stieg aus dem Aufzug, weder Rosas Eltern noch sonst jemand. Rosa lauschte eine Weile.
Als immer noch keiner ausstieg und der Aufzug auch nicht wieder hinunterfuhr, stand sie von ihrem Bett auf, ging zur Wohnungstür und schaute hinaus, genau in den offen stehenden Aufzug.
Er sah anders aus als sonst, fast wie ein kleines, viel zu hoch geratenes Wohnzimmer. Von der Decke hing eine Hängelampe,

an deren Rand rosa Perlenschnüre baumelten, die Wände waren mit einer Rosentapete bespannt, der Spiegel sah aus wie ein Fenster, mit schweren roten Samtvorhängen auf beiden Seiten, und auf dem Boden lag ein dicker, gemusterter Teppich. Darauf standen zwei Sesselchen, ein Tischchen, dahinter ein Sofachen, daneben ein Schränkchen. Ein kleiner Mann saß auf dem kleinen Sofa, zupfte die kleine, blumenbestickte Tischdecke zurecht und sagte: „Da bist du also, dann kann die Reise ja endlich losgehen. Komm herein und setz dich!“

„Was für eine Reise?“, fragte Rosa und setzte sich in einen der Sessel. „Wohin denn?“

„Wohin denn wohl! Natürlich nach unten. Nach oben kann die Reise ja schlecht gehen, denn oben sind wir schon“, sagte das Männchen. „Jetzt drück schon auf eine Taste!

Den Knopf gedrückt und ab im Nu!
Doch wähle gut, drück nicht auf U!“

Rosa drückte auf die Taste, auf der „7“ stand.

„Sieben?“, sagte das Männchen. „Na, das wird eine kurze Reise werden. Gerade Zeit genug, ein Stückchen Kuchen zu essen und ein Schlückchen Himbeerwein zu trinken.“ Das Männchen öffnete den kleinen Schrank, holte einen Kuchen, zwei Teller, eine Flasche und zwei Gläser heraus und stellte alles auf den Tisch.

„Aber bis zum siebten Stock dauert es nicht einmal eine halbe Minute!“, sagte Rosa.

„Red nicht so viel, iss deinen Kuchen!“, sagte das Männchen, schnitt zwei Stücke ab, ein dickes für sich, ein schmales für Rosa und schenkte die beiden Gläser voll. „Zum Wohl!“, sagte es dann, hob sein Glas und trank es mit einem Schluck leer, schob sich mit einem „Guten Appetit!“ das ganze Stück Kuchen auf einmal in den Mund und schnitt sich gleich ein neues, noch dickeres ab.

Der Aufzug fuhr derweilen, fuhr und fuhr und schien überhaupt nicht mehr anhalten zu wollen. So trank auch Rosa ihr Glas in kleinen Schlückchen leer und aß ihren Kuchen dazu. Kaum war sie fertig, räumte das Männchen ihren Teller und ihr Glas wieder in den Schrank, schloss ihn – und genau in diesem Augenblick wurde der Aufzug langsamer, machte „kling" und hielt an. Die Tür rumpelte auf.

Draußen war nicht die Wohnungstür von Familie Wellershoff aus dem siebten Stock zu sehen, man schaute in eine weite, helle Landschaft. Sieben Raben flogen über einen See – auf dessen Wellen sieben Schwäne schaukelten – und verschwanden hinter den sieben Bergen. Sieben Geißlein sprangen über ein Buch mit sieben Siegeln, während sieben Männer einen langen Spieß durch die Gegend trugen. Rosa deutete auf sie und sagte: „Wer sind denn …?"

Das Männchen schien ihre Frage schon erwartet zu haben und antwortete, ohne hinzusehen: „Die sieben Schwaben." Von den sieben Bergen her kamen kleine Männer auf den Aufzug zu. Sie gingen in einer Reihe hintereinander, hatten spitze Mützen auf dem Kopf und trugen Schaufeln und Pickel über der Schulter.

„Eins, zwei, drei, vier, fünf, sechs …", zählte Rosa. „He, warum sind es nur sechs Zwerge?!"

„Na, warum wohl!", sagte das Männchen und schob sich ein weiteres Stück Kuchen in den Mund.

Die sechs Zwerge hatten nun Rosa und das Männchen entdeckt und kamen rasch näher. „Da steckt er!", schrie der erste Zwerg und deutete zum Aufzug. „Komm heraus, du Faulpelz!", rief der zweite. „Hilf gefälligst mit!", der dritte. Der vierte sagte: „Sitzt auf dem Sofa und lässt es sich gut gehn, während wir arbeiten!"

Der fünfte: „Und isst Kuchen!"

Der sechste: „Trinkt unseren Himbeerwein!"

„Schnell, drück auf die 8! Mach doch!“, rief das Männchen. „Schnell, schnell!“ Rosa drückte auf die Taste mit der „8“, die Tür schloss sich und der Aufzug setzte sich in Bewegung.
„Gut gemacht!“, sagte das Männchen. „Wir sehen uns bald wieder. Gute Nacht jetzt.“
Da hielt auch schon der Aufzug. Rosa schlüpfte durch die offene Wohnungstür, ging in ihr Zimmer, legte sich ins Bett und war gleich darauf eingeschlafen.

Am nächsten Donnerstag, als ihre Eltern wie immer zur Volkshochschule gegangen waren und Rosa wach in ihrem Bett lag, hörte sie, wie wieder der Aufzug höher und höher kam und im achten Stock hielt. Diesmal stand sie gleich auf, ging schnurstracks zum Aufzug, wo das Männchen auch wirklich hinter dem Tisch auf dem Sofa saß, ließ sich in einen der Sessel sinken und sagte:
„Dritter Stock, bitte!“
„Dritter Stock, dritter Stock!“, wiederholte das Männchen ärgerlich. „So einfach geht das nicht. Zuerst muss mal der Zauberspruch aufgesagt werden. Außerdem wirst du den Knopf gefälligst selbst drücken, ich bin nicht dein Diener.

Den Knopf gedrückt und ab im Nu!
Doch wähle gut, drück nicht auf U!“

Rosa drückte die Taste, auf der „3“ stand. „Na schön, na gut“, sagte das Männchen. „Da haben wir ja eine lange Reise vor uns. Genug Zeit, um zwei Stück Kuchen zu essen und ein Glas Erdbeerwein zu trinken.“ Es öffnete das Schränkchen, holte Kuchen und Flasche, Teller und Gläser heraus, teilte Rosa zwei schmale Kuchenstücke zu und sich den Rest. Der Aufzug fuhr derweilen, fuhr und fuhr und schien überhaupt nicht mehr anhalten zu wollen. Erst als Rosa die beiden Kuchenstücke aufgegessen und das Gläschen ausgetrunken hatte, wurde er langsamer, machte „kling“ und hielt an. Die Tür rumpelte auf. Draußen fuhren Drillinge auf einem Dreirad mit Dreigangschaltung über eine dreispurige Straße, hatten einen Dreispitz auf dem Kopf und ein

Triangel in der Hand. Im Hintergrund sah man die Heiligen Drei Könige feierlich auf ihren Kamelen vorbeireiten, während die drei Müllersöhne im Schatten Skat spielten. „Nun, willst du nicht hinausgehen und dich umsehen?“, fragte das Männchen.

Rosa sagte: „Warum sollte ich? Ich weiß doch schon alles vorher: Die Bäume werden natürlich dreieckig sein, die drei Musketiere werden da herumreiten und auf drei Brüder mit drei goldenen Haaren treffen, die drei Wünsche frei haben und ...“

„Wenn du so dreimalklug bist und alles vorher weißt, kannst du ja gleich wieder hinauffahren in deine 8!“, rief das Männchen zornig.

„Das werde ich auch“, sagte Rosa, drückte auf die oberste Taste, fuhr hinauf, legte sich ins Bett und schlief ein.

Eine Woche später, die Eltern waren wie üblich weggegangen, stand Rosa schon oben an der Wohnungstür, als der Aufzug heraufkam und die Tür aufsprang. „Sieh mal an! Das letzte Mal hast du dich gelangweilt und heute kannst du's kaum abwarten“, sagte das Männchen.

„Ich weiß auch schon, was ich heute wähle“, antwortete Rosa und setzte sich in ihren Sessel. „Sag deinen Zauberspruch!“ Das Männchen tat ihr den Gefallen.

„Den Knopf gedrückt und ab im Nu!
Doch wähle gut, drück nicht auf U!“

„Doch, genau das werde ich jetzt tun!“, sagte Rosa. „Ich will doch mal sehen, was geschieht, wenn ich auf U drücke.“

„Auf U?“, rief das Männchen erschrocken. „Tu das nicht! Willst du nicht lieber E wählen? E ist wunderschön, E ist ebenerdig. Es gibt da echte Enten, Esel, Eber und Elche, Eschen und Erlen, Erdbeerbecher …“

„Langweilig!“, sagte Rosa und drückte die Taste mit dem „U“. „Uuuuh“, heulte das Männchen, verkroch sich hinter das Sofa und zog die Tischdecke über sich.

Da wurde der Aufzug auch schon langsamer, es machte „kling“ und die Tür rumpelte auf.

Draußen war ein großer, düsterer Raum zu sehen, mit einer Betondecke, einem Betonfußboden und viereckigen Betonpfeilern, zwischen denen leere Autos standen.

Zwei Lichter kamen auf den Aufzug zu, bogen nach rechts ab, ein Auto hielt, der Motor wurde abgestellt, die Wagentüren öffneten sich.

„Das ist ja Rosa!“, rief Rosas Mutter. „Kind, was tust du denn hier in der Tiefgarage!“

„Rosa, um Himmelswillen. Was machst du im Schlafanzug hier unten, mitten in der Nacht!“, rief Rosas Vater. „Schnell, schnell nach oben und gleich ins Bett, du Schlafwandlerin!“

Alle drei stiegen in den Aufzug, der jetzt wieder ganz normal aussah, und fuhren hinauf in den achten Stock. Und kaum hatten die Eltern Rosa zu Bett gebracht, war sie auch schon eingeschlafen.

Ob das Männchen wiedergekommen ist? Das weiß man noch nicht, denn die Geschichte mit dem „U“ ist vorgestern passiert und Rosas Eltern haben erst wieder am Donnerstag ihren Volkshochschulabend.

Paul Maar

1. Wo steckt der siebte Zwerg?
2. Warum möchte Rosa nicht in der 3. Etage aussteigen?
3. Warum heißt es im Zauberspruch „Doch wähle gut, drück' nicht auf U"?

Seite 157 Seite 171

Ladislaus und Komkarlinchen

Es war einmal ein Landsknecht[1],
Der hatte eine Maus,
Die Maus hieß Komkarlinchen,
Der Landsknecht Ladislaus.

Der Landsknecht liebt das Kämpfen,
Die Beute und die Ehr,
Aber sein Komkarlinchen,
Das liebt er noch viel mehr.

Sie aß von seinem Brote,
Sie schlief in seinem Bart,
Sie wohnt in seiner Tasche
Auf weiter Kriegesfahrt.

Nur wenn in eine Schlacht ging
Der Landsknecht mit der Maus,
Sprang sie ihm aus dem Rock und
Nahm wie der Wind Reißaus.

Da wurd er sehr bekümmert
Und lief ihr hinterher
Die Kreuz und auch die Quere
Durchs ganze römische Heer.

[1] **Landsknechte** waren Fußsoldaten, die mit einem langen Spieß und Schwert in einem großen Heer gekämpft haben.

Und weil sie lief nach hinten
Und niemals lief nach vorn,
Ging ohne ihn die Schlacht halt
Gewonnen und verlorn.

Der Krieg wurd immer älter,
Der Krieg wurd dreißig Jahr,
Älter als mancher Landsknecht
Alt geworden war.

Und die das Kämpfen liebten,
Die Beute und die Ehr,
Die lagen schon begraben
In Sachsen und am Meer.

Jedoch aus allen Wettern
Kam heilen Leibs heraus
Dank seinem Komkarlinchen
Der Landsknecht Ladislaus.

Peter Hacks

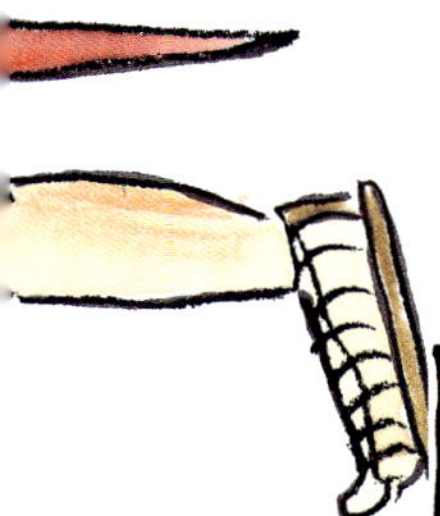

Überprüfe diese Aussagen mit passenden Textstellen:

1. Ladislaus und Komkarlinchen sind Freunde.
2. Komkarlinchen läuft aus der Schlacht davon.
3. Komkarlinchen rettet Ladislaus.

Seite 161 Seite 165

Rund ums Buch

Ernst Gerd Jentgens, 1972

Der Schriftsteller verwandelt Vorstellungen in Worte.
Der Leser verwandelt Worte in Vorstellungen.
Inwieweit diese und jene Vorstellungen einander ähneln,
ist unkontrollierbar.

Erich Kästner

 Seite 173

Brillenschlangen, Bücherwürmer

Brillenschlangen, Bücherwürmer,
Morgenmuffel, Ziegen,
Kletteraffen, Schmusekatzen
dürfen mit uns fliegen.

Leseratten ganz zuerst
sollen vorne sitzen,
Trampeltiere, steigt schnell ein,
denn wir wollen flitzen.

Einmal um die ganze Welt
kostet keinen Heller,
ist kein Rübenschwein dabei,
fliegen wir noch schneller.

Ganz besonders musst du sein,
willst du mit uns fahren,
wer normal ist, kommt nicht rein,
nicht in hundert Jahren,
nicht in hundert Jahren.

Jutta Richter

Brillenschlange ist normalerweise ein gemeines Wort.
Es ist ein Name für jemanden, der eine Brille trägt.

Bücherwurm nennt man …

Morgenmuffel …

Kletteraffen

Schmusekatzen

Leseratten

Trampeltiere

Hasenherzen

Klammeraffen

Seite 169

PAUSENBLATT

Jutta Richter live

Am 1. Juli kommt Jutta Richter zu uns in die Aula und liest aus ihren Büchern. Wir haben im Internet schon einiges über sie herausgefunden unter: *www.juttarichter.de*.

Aus ihrem Leben

Jutta Richter ist 1955 in Burgsteinfurt geboren. Sie ist im Ruhrgebiet und im Sauerland aufgewachsen.
Dann hat sie in Münster katholische Theologie, Germanistik und Publizistik studiert.[1] Stellt euch vor: Sie lebt auf einem richtigen Schloss im Münsterland. Sie hat eine Tochter, die Lena heißt. Jutta Richter hat früh angefangen zu schreiben. Ihr Beruf ist Autorin. Für ihre Bücher hat sie schon viele Preise gewonnen. Sie hat auch Hörspiele, Theaterstücke, Gedichte und Lieder für die Sendung mit der Maus geschrieben.

Über ihre Bücher

„Hinter dem Bahnhof liegt das Meer"
Um seinen Traum Wirklichkeit werden zu lassen, ist Neuner bereit, das Wertvollste zu verkaufen, was er besitzt: seinen Schutzengel. Doch ohne ihn ist er verloren!
Hannah

„Hechtsommer"
Achtung: traurig! Jutta Richter erzählt die Geschichte von zwei Jungen, deren Mutter sehr schwer krank ist. Es geht aber auch um die Freundschaft mit einem Mädchen, um das Angeln und vieles mehr.
Frederik

[1] Wenn man **Theologie** studiert, lernt man etwas über die Religion.
Wer **Germanistik** studiert, liest ganz viele Bücher und lernt etwas über Literatur.
Publizistik studiert man, wenn man später für Zeitungen als Journalist arbeiten möchte.

Nummer 3

Schülerzeitung der 4a

Aufruf!!!
Wir brauchen für die Vorbereitung der Lesung noch Helfer!

- Wer hat Lust ein Willkommenslied mit uns einzustudieren?
- Wer hilft die Stühle in der Aula aufzustellen?
- Wer schmückt mit uns die Aula?
- Wer besorgt etwas zu trinken für Jutta Richter?
- Wer geht in die Stadtbibliothek und leiht dort Bücher von Jutta Richter aus?
- Wer hilft den Büchertisch aufzubauen?

Wer Zeit und Lust hat zu helfen, kann sich am Montag in der ersten großen Pause bei Frau Rödiger melden!

Unser Tipp
Wer Bücher von Jutta Richter hat, kann sie mitbringen. Sie schreibt nach der Lesung Autogramme in die Bücher.

Die Rätselecke
Wie heißt das Schloss, in dem Jutta Richter wohnt?
1. Teil des Wortes:
Es liegt nicht im Osten, sondern im ...
Ersetzt den 6. Buchstaben durch ein „r".
2. Teil des Wortes:
Zum Abschied hebe ich meine Hand, um zu w...
Tauscht den letzten Buchstaben gegen ein „l" aus.

_ _ _ _ _ _ _ _ _ _ _ _

Die Auflösung findet ihr im Pausenblatt Nummer 4.[2]

Ankündigung
In der nächsten Ausgabe unseres Pausenblatts könnt ihr ein Interview mit Jutta Richter lesen.

[2] Siehe im Lesebuch Seite 141

Seite 159 Seite 163

Der Hund mit dem gelben Herzen

„Du bist nicht von hier, oder?“

„Nein“, sagt der Hund, „nicht von hier.“

„Woher kommst du denn?“

„Von weit“, sagt der Hund.

„Hast du dich verlaufen?“ Der Hund denkt nach. Wahrscheinlich gibt es dort, wo sie wohnt, noch mehr Kuchen. Wahrscheinlich gibt es dort auch all die anderen Leckereien, von denen er unterwegs in den zugigen Feldscheunen geträumt hat: knusprige Hähnchenhaut und Leberwurstbrote, Sahnepudding und Milchreis.

Der Hund ist schon lange unterwegs. Er kann die zugigen Feldscheunen längst nicht mehr zählen, in denen er nachts hungrig eingeschlafen ist. In Glücksnächten war er dummen jungen Katzen begegnet, die ihm fauchend eine frische Maus überlassen hatten. Aber Glücksnächte gibt es genauso selten wie Glückstage. Und meistens waren die Nachtkatzen alt und gerissen gewesen und hatten dem Hund die Nase blutig gekratzt.

„Ob du dich verlaufen hast?“

Der Hund zögert, dann nickt er und winselt wehleidig.

„Du Armer“, sagt Lotta und seufzt. „Ich weiß, wie das ist, wenn man sich verlaufen hat. Dann ist man mutterseelenallein, und man hat Angst, und man friert und hat Hunger, und abends muss man immer weinen, wenn es dunkel wird im Wald. Dann kommen die Nachtgespenster raus und heulen und knistern und rascheln und gruseln.“

„Woher weißt du das?“, fragt der Hund.

„Das hat mir die Brieftaube im letzten Jahr erzählt“, antwortet Lotta. „Die hatte sich verflogen und wusste nicht mehr, wo sie hingehörte. Und verfliegen ist genauso wie verlaufen.“ Der Hund nickt.

„Nimmst du mich mit?“, fragt er.

„Natürlich nehme ich dich mit“, sagt Lotta. „Du darfst so lange bei uns wohnen, bis du wieder weißt, wo du hingehörst.“

Wo ich hingehöre, denkt der Hund. Wenn ich irgendwo hingehören würde, dann hätte ich es bestimmt nicht vergessen. Wo immer der Hund aufgetaucht war, hatte es ein großes Geschrei und Gescheuche gegeben. „Hau ab!“, hatten sie gerufen und „Gehst du wohl nach Hause!“ gedroht.

In manchen Nächten, wenn der Hund schwer träumte, standen sie alle wieder vor ihm: der Bauer Schulte-Lanstrop mit dem Knüppel in der Hand, Fräulein Stratmann mit dem Wassereimer, der alte Poling, der immer zutrat, und Ralf und Peter mit den selbst gebauten Zwillen[1]. „Hau ab!“, brüllten sie im Chor. „Mach, dass du wegkommst!“
Der Hund schnauft.
„Na, komm!“, sagt Lotta.
Sie gehen den Waldweg entlang. Links das Mädchen Lotta und rechts der kleine schwarze Hund, und die Schattenbalken fallen auf den Weg.

Draußen trommelt der Regen aufs Teerpappedach, und drinnen stellt der Hund jetzt beide Ohren auf und lauscht, und seine Schnauze zittert ein bisschen. Er hört, wie es in der Kartoffelkiste rumpelt. Die Kartoffeln rollen übereinander. Er hört ein leises Ächzen, so als ob da jemand etwas Schweres tragen müsste.
Dann ein Trippeln … das Knacken von Holz … ein dumpfes Poltern …
Das Nackenfell sträubt sich.
Der Hund wittert Gefahr. Das hat er gelernt in den Feldscheunennächten: Gefahr wittern … mit offenen Augen schlafen …
Jetzt raschelt es wieder. Diesmal neben dem alten Kanonenofen. Als ob da jemand in der Papierkiste wühlt.
Wenn es nur nicht so zwieblig röche, denkt der Hund.
Verdammt! Dieser Geruch steckt wie ein Schnupfen in der Nase.
Vielleicht sind es Mäuse, hofft er, oder ein kleines Kaninchen, das dumm und unerfahren seinen Gang gegraben hat und jetzt zitternd in der Papierkiste hockt.
Der Regen trommelt, und sein Hundeherz klopft laut.
Und jetzt raschelt nichts mehr und nichts poltert und knackt.

---

[1] Eine **Zwille** ist eine kleine Schleuder.

Und dann pfeift es leise, und es pfeift noch einmal und plötzlich weiß der Hund: Das ist Rättisch, einwandfrei Rättisch. Und jetzt endlich riecht er es auch: Rattengeruch! Unangenehm, faulig, widerlich, wie ein Abwasserkanal. Wenn es nicht so stockfinster wäre, könnte ich sehen, wie groß die Ratte ist. Wenn Lotta die Tür nicht abgeschlossen hätte, einfach rennen und weg … Bloß nicht kämpfen, denkt der Hund. Alles, aber nicht kämpfen … nie wieder.

Er erinnert sich an seinen letzten Rattenkampf. Das war im Winter gewesen. Er hatte einen warmen Keller gefunden in jener Nacht, einen warmen Keller mit einer zerbrochenen Fensterscheibe. Wie jetzt war er plötzlich aufgewacht, und genau vor ihm saßen drei fette Ratten mit glänzenden Knopfaugen und fauchten ihn an.

„Hau ab!“, hatten sie gefaucht. „Verpiss dich!“

Und als er zurückgeknurrt hatte, war die größte Ratte ihm in den Nacken gesprungen und hatte zugebissen. Nur mit Mühe und Not war er entkommen.

Bloß nicht kämpfen, denkt der Hund.

Und dann passiert es: Die Ratte faucht.

Genau wie damals.

Jutta Richter

Hörspiel-Drehbuch

	Darsteller/Text		Ton
1	Lotta:	„Du bist nicht von hier, oder?“	Kinder bewegen die Füße, Steine/Blätter liegen am Boden, leises Geraschel, leiser Verkehrslärm vom Band im Hintergrund
	Hund:	„Nein, nicht von hier.“	
	Lotta:	„Woher kommst du denn?“	
	Hund:	„Von weit.“	
	Lotta:	„Hast du dich verlaufen?“	
	Erzähler:	Der Hund denkt nach.	
	Hund:	„Wahrscheinlich gibt es …“	Geräuschkulisse wird leiser

 Seite 165 Seite 171

An... post@juttarichter.de
Cc...
Betreff: Autorenlesung

Liebe Frau Richter,

Ihre Lesung an unserer Schule war toll. Wir haben aus der Geschichte mit dem Hund und den Ratten ein Hörspiel gemacht. Ich war für die Geräusche zuständig. Es hat viel Spaß gemacht.

Was für eine Geschichte schreiben Sie als Nächstes?
Kommen Sie bald noch mal wieder zu uns in die Schule?

Viele Grüße
Tobias

Liebe Frau Richter,

die Geschichte vom Hund mit dem gelben Herzen hat mir ganz super gefallen. Sie war sehr spannend. Ich finde es gut, dass der Hund Sieger geblieben ist. Hätten die Ratten gewonnen, hätten sie ihn erpresst und er müsste ihnen immer weiter knusprige Hühnerhaut bringen. Gut, dass ihm die Katze geholfen hat.

Viele Grüße

Anna

Frau
Jutta Richter
Schloss Westerwinkel

59387 Ascheberg

PAUSENBLATT

Ein voller Erfolg
Die Lesung von Jutta Richter in unserer Aula

Genau 63 Schülerinnen und Schüler warteten am Dienstag, den 1. Juli, gespannt auf Jutta Richter. Dank der Hilfe von ganz vielen sah die Aula super festlich aus. Nach dem Willkommenslied hat Jutta Richter erst einmal ein Stück aus dem Buch „Der Hund mit dem gelben Herzen" vorgelesen. Sie kann toll die Stimme verstellen und so lesen, dass es richtig spannend wird. In der Aula waren alle mucksmäuschenstill. Dann hat sie noch aus anderen Büchern vorgelesen und viele Fragen beantwortet. Dabei hat sie sehr oft gelacht.

Interview mit Jutta Richter

Wie sind Sie auf die Idee gekommen, Bücher zu schreiben?
Eigentlich wollte ich das schon immer machen. Unsere Bücherei hatte nur wenige Kinderbücher. Ich brauchte aber jede Woche mindestens acht. Mein Vater arbeitete bei einer Zeitung und machte ein Interview mit einer Kinderbuchautorin. Ich durfte ihn begleiten. Diese Frau hatte ein Zimmer, das war bis zur Decke voll mit Büchern. Da dachte ich mir, das muss ein toller Beruf sein.

Wie lange brauchen Sie für ein Buch?
Ungefähr ein Jahr oder länger.

Wie lange schreiben Sie schon Bücher?
Mit 15 Jahren habe ich mein erstes Buch geschrieben.

Nummer 4

Schülerzeitung der 4a

Waren Sie eine gute Schülerin beim Aufsatzschreiben?
Neiiiiin, in der Grundschule, als man noch Fantasieaufsätze schreiben durfte, da war ich gut. Aber später nicht mehr.

Wo schreiben Sie am liebsten?
Zu Hause am Schreibtisch.

Welche Hobbys haben Sie?
Hm, Hühner ... beobachten.

Interessieren Sie sich für Fußball?
Na und ob, ich bin Borussia-Fan. Und das Tollste sind die Meisterfeiern. Die sind in Dortmund auf dem Friedensplatz, da kommen die Jungs auf dem Lastwagen an, und man kann denen die Hand schütteln, das ist super!!!

Was würden Sie sich wünschen, wenn Sie drei Wünsche frei hätten?
Hm... also ich würde mir ganz bestimmt wünschen, dass ich ganz lange Bücher schreiben kann, dass ich nicht blind werde, dass ich nicht taub werde, das gehört alles dazu. Und der zweite Wunsch .... hm ... viele Wünsche hab' ich gar nicht ... ein Segelboot vielleicht ... Das ist ganz schwer. Man kann sich leicht etwas Falsches wünschen. Ein Segelboot kann man auch anders bekommen. Vielleicht eine riesengroße Familie, aber ob es dann mit dem Bücherschreiben noch so klappt, ist die Frage. Nee ... ich glaube, ich begnüge mich mit dem ersten Wunsch, die anderen würde ich verschenken.

Rätselauflösung zu Pausenblatt Nr. 3
Jutta Richter wohnt auf Schloss Westerwinkel.

Unsere besten Sechs

Eine Woche lang haben wir überlegt,
Bücher zusammengetragen, gebastelt,
experimentiert und geprobt.
Überall in der Schule, im Keller,
in der Aula und auf dem Dachboden
waren wir unterwegs und haben
unsere Vorbereitungen getroffen.
Immer wieder haben die aus der 4a
versucht herauszufinden, was wir vorhaben.
Aber alle haben dicht gehalten.
Einmal hätten sie es fast geschafft.
Da haben sich Paul und Jasmina
aus der Parallelklasse heimlich
in den Keller geschlichen und
nachgeguckt, was wir da
aufgebaut hatten.
Aber sie haben nur ein weißes
Betttuch entdeckt und den
Tageslicht-Projektor, den der
Hausmeister da immer aufbewahrt.
Ein Glück!
Es soll ja schließlich eine Überraschung
werden. Hoffentlich klappt alles!
Für uns ist es ja auch das erste Mal.
Bei den Vorbereitungen haben wir
uns gegenseitig geholfen.
Wir mussten ganz leise und heimlich
alle Materialien durch die Schule tragen.
Nun ist der große Tag gekommen.

4a

Aufgeregt bin ich schon. Schließlich steht man nicht alle Tage vor so vielen Zuschauern. Alle sind gekommen, das sind immerhin 40 Kinder, das macht 80 Augen, die alle gleich auf mich gerichtet sein werden. Okay, ganz tief durchatmen!

Judiths Leselampe geht an. Sie macht ihre Ansage: „Herzlich willkommen!“ Judiths Stimme zittert ein bisschen. „Wir haben euch eingeladen, um euch unsere Lieblingsbücher vorzustellen: Unsere besten Sechs.
Ihr habt euch sicher gewundert, dass ihr in den Keller kommen solltet. Lena, Alex, Maria und Roberto hatten die Idee, euch ein kurzes Stück aus **Sophiechen und der Riese** von Roald Dahl als Schattenspiel vorzuführen. Viel Vergnügen!“

Jetzt ist es so weit. Jetzt kommt mein Einsatz. Bin ich an der richtigen Stelle? Liegt die Decke noch gut? Lena schaltet den Tageslicht-Projektor an. Jetzt! Alle Augen sind auf mich gerichtet, besser gesagt: auf meinen Schatten. Zum Glück kann ich niemanden sehen. Mein Schatten sieht mit der Decke ganz schön groß aus. Unter dem Federbett schaut eigentlich nur mein Kopf heraus. Alex, unser Vorleser, ist an der Reihe:

„Sophiechen konnte nicht einschlafen. Helles Mondlicht fiel schräg durch einen Spalt zwischen den Fenstervorhängen und schien direkt auf ihr Kopfkissen. Die anderen Kinder im Schlafsaal schliefen schon seit Stunden tief und fest.

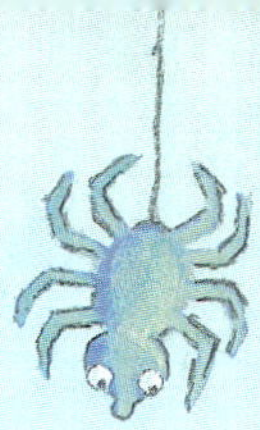

Sophiechen machte ihre Augen zu und lag ganz still da. Sie gab sich wirklich große Mühe, endlich einzuschlafen. Aber es ging nicht. Der Mondstrahl war wie eine Schwertklinge aus Silber, die durch den Raum schnitt bis mitten auf ihr Gesicht. Da kam etwas auf der Straße, drüben auf der anderen Seite, näher und näher. Etwas Schwarzes kam da immer näher … Etwas Großes und Schwarzes … Etwas sehr Großes, sehr Schwarzes und sehr Dünnes … Ein Mensch war das nicht. Das war unmöglich ein Mensch. Es war nämlich viermal so groß wie der allergrößte Mensch, den es gibt.“

Gleich ist die erste Szene vorbei. Dann geht das Licht aus. Ich gehe mit meinem Federbett zur Seite und Lena legt eine kleine Sophie, die wir aus Papier ausgeschnitten haben, auf den Projektor. In der zweiten Szene klaut der Riese, gespielt von Roberto, Sophie aus dem Bett. Roberto tritt hinter den Projektor und greift mit seiner Riesenhand nach der kleinen Papier-Sophie. Das sieht ganz schön unheimlich aus. Genau im spannendsten Moment machen wir dann Schluss. Schließlich sollen die anderen ja noch nicht alles erfahren und die Geschichte selbst weiterlesen.

Alle klatschen Beifall, manche rufen „Mehr! Zugabe!“. Das ist toll! Wir treten vor die Leinwand. Alex hält das Buch in der Hand und zeigt es allen. Ich bin total erleichtert.

Als unsere Lehrerin Frau Zeller uns vorgeschlagen hat, als Abschiedsgeschenk von unserer vierten Klasse für die Parallelklassen Bücher vorzustellen, waren wir zuerst nicht so begeistert. Aber als sie sagte, wir dürften erstens unsere Lieblingsbücher nehmen und zweitens könnten wir unsere Vorstellung so machen, wie uns das gefällt, da fanden wir das Projekt doch ziemlich gut. Alle sind auf ganz unterschiedliche und verrückte Ideen gekommen. Gleich sind Jan, Miro, Alexa und Raphaela an der Reihe. Deshalb gehen wir mit allen Zuschauern in die Aula.

Jan, Miro, Alexa und Raphaela sind die Musiker aus unserer Klasse. Da war es schon klar, dass sie irgendetwas mit Musik machen würden. Miro kann ganz toll rappen. Alexa, Jan und Raphaela singen im Chor.

Die vier haben sich zu dem Buch **Lilli, Flosse und der Seeteufel** ein Lied ausgedacht und dazu große Bilder gemalt, die sie zu den Strophen jeweils hoch halten. Den Refrain des Liedes, also die Zeilen, die nach jeder Strophe wiederholt werden, haben sie auf die Tafel geschrieben, sodass alle sie lesen können.

Judith begrüßt wieder alle Kinder in der Aula, dann geht Jan nach vorne: „Für unser Buch brauchen wir eure Mithilfe. Immer wenn der Refrain kommt, singt ihr mit. Wir probieren das mal.“ Zuerst sind alle noch etwas schüchtern und wollen nicht so recht singen, aber dann steht Frau Zeller auf und singt laut mit. Da trauen sich auf einmal alle. Jetzt geht es richtig los.

Die Schnorchels haben sehr viel Geld
und reisen ständig um die Welt,
doch laufen, fahren, fliegen sie nicht.
Allein durchs Tauchen erstrahlt ihr Gesicht.

Refrain:
Lilli und Flosse
Die leben im Meer
Flosse und Lilli
Die woll'n aber mehr
Wilde Abenteuer warten auf sie.
Und Lilli sagt zu Flosse:
„Jetzt oder nie!"

Nach jeder Strophe macht Alexa Meeresgeräusche mit einer Ocean Drum. Nach dem Lied erzählt Jan weiter: „Für Lilli und Flosse wird es noch ganz schön gefährlich, als die Schnorchels auf Nixen-Jagd gehen. Wen das interessiert, der kann das Buch von Cornelia Funke ja lesen. Jetzt ist aber erst mal Pause."

Lisa aus der Parallelklasse fragt mich: „Haben Jens und die anderen sich das Lied wirklich selbst ausgedacht?" Ich komme gerade noch dazu „Ja, klar!" zu antworten, da schellt es schon wieder. Jetzt kommt noch eine besondere Überraschung. Wir führen die anderen aus der Parallelklasse auf den Dachboden der Schule. Da haben Alexandro, Ferdi, Elena und Hannah eine Werkstatt eingerichtet.

Wieder ergreift Judith als Erste das Wort. Jetzt ist sie gar nicht mehr so aufgeregt. In der Hand hält sie ein rotes Buch. „Es geht direkt weiter mit unseren besonderen Buch-Vorstellungen. Hier oben, unter dem Dach der Schule, seid ihr in eine Experimentier-Werkstatt eingeladen. Alle Ideen für die Experimente stammen aus dem Buch **Christophs Experimente**. Hannah macht den Anfang."

Hannah tritt mit einer Flasche und einem gepellten Ei in den Händen an den Tisch, der vorne aufgebaut ist. Was sie wohl vorhat? Als sie bereit ist, schaut sie uns direkt an und fragt: „Was glaubt ihr? Kann ich dieses Ei in die Flasche zaubern?" Einige lachen oder murmeln „So ein Quatsch". Hannah ruft jetzt in das allgemeine Gemurmel: „Ich werde euch beweisen, dass das geht!" Sie schüttet heißes Wasser in die Flasche und setzt das Ei oben auf den Flaschenhals.

Ich bin total gespannt. Und tatsächlich: Das Ei wird wie durch Geisterhand in die Flasche gezogen. Klasse! Die Flasche wandert durch das ganze Publikum. Endlich bricht lauter Beifall los und Hannah verbeugt sich.

Alexandro und Ferdi sind jetzt an der Reihe. Alexandro wartet, bis es leiser wird, dann fragt er:
„Habt ihr schon mal bei einem Vulkanausbruch zugeschaut?“
Frieda, die immer ziemlich frech ist, ruft von hinten: „Spinnst du?“
Aber ich weiß, was die beiden vorhaben, und freue mich schon.
Ferdi meint ganz ruhig: „Wir zeigen euch jetzt, wie ein Vulkanausbruch funktioniert.“
Gemeinsam mit Alexandro tritt Ferdi hinter den Experimentiertisch.
Darauf steht schon eine hohe runde Vase, die mit klarem Wasser gefüllt ist. Jetzt nehmen die beiden eine kleine Flasche.
In die gießen sie dampfendes, heißes Wasser, das mit Lebensmittelfarbe rot gefärbt ist.
Das wissen die anderen natürlich nicht, aber Ferdi hat es mir verraten.
Um den Hals der Flasche hat er ganz fest einen Bändel geschnürt, an dessen Enden er die Flasche vorsichtig hochhebt und in die Glasvase setzt. Kaum ist die Flasche untergetaucht, strömt auch schon das rote Wasser heraus.
Warum das so ist, weiß ich auch nicht so genau. Es sieht jedenfalls toll aus. Es hat wohl was damit zu tun, dass das Wasser in der Flasche heiß ist.

Alle rücken näher an den Experimentiertisch, um genau sehen zu können. Da ruft Elena: „Wenn ihr auch noch wissen wollt, wie man ein einfaches Telefon oder eine Lupe selbst bauen kann, dann schaut in **Christophs Experimente**.“

Judith führt alle in den Klassenraum der 3b. „Wir kommen langsam zum Schluss. Stellt euch vor, ihr seid in einem Fernseh-Studio. Hier werden gerade die Spots für den Werbe-Block aufgenommen. Heute geht es aber nicht um Waschmittel, sondern um Bücher. Hört selbst!“

Markus und Fabi halten ein wahnsinnig dickes Buch in der Hand.
Markus fängt an: „**Sehen. Staunen. Wissen. Das visuelle Lexikon.**“
Fabi ist dran: „736 Seiten, 6000 Abbildungen, 20000 Begriffe.“
Markus: „**Sehen. Staunen. Wissen. Das visuelle Lexikon.**“
Fabi: „Alles über Fußball! Wusstet ihr, dass Fußball schon 300 vor unserer Zeitrechnung in China gespielt wurde? Hier steht's drin.“
Markus: „**Sehen. Staunen. Wissen. Das visuelle Lexikon.** Das Buch, mit dem ihr garantiert mehr wisst als eure Eltern.“

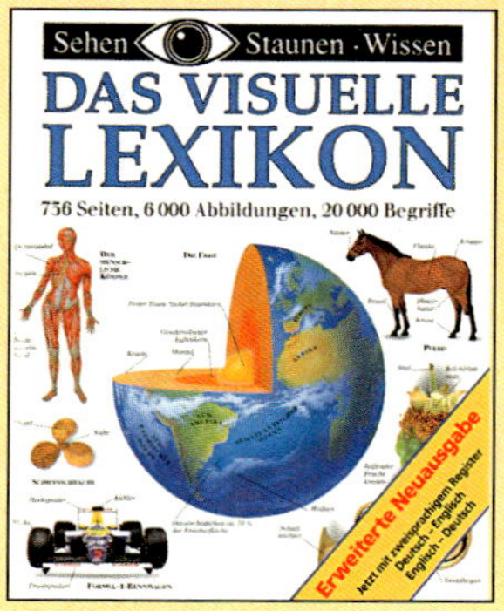

Alle Kinder johlen begeistert. Jetzt sind Marco und Frederik an der Reihe. Marco hat ein Mikrofon in der Hand.

Marco: „Guten Tag, Herr Russo! Sie haben sich das Buch **Es war ein König in Thule** als Lieblingsbuch ausgesucht. Was gefällt Ihnen daran so gut?“ Frederik: „Nun, ich lese gern Geschichten über Ritter, Könige und Zauberer. Hiervon findet man ganz viele in diesem Buch.“
Marco: „Was können Sie unseren Zuschauern denn noch über das Buch verraten?“
Frederik: „Neben einigen Sagen findet man auch Gedichte in diesem Buch.

Ehrlich gesagt, war ich nie ein Freund von Gedichten, aber die Gedichte, die man hier lesen kann, sind wirklich spannend. Hören Sie nur!“ Frederik schlägt das Buch auf und liest vor:

„Wer wagt es, Rittersmann oder Knapp,
Zu tauchen in diesen Schlund?
Einen goldnen Becher werf ich hinab,
Verschlungen schon hat ihn der schwarze Mund.
Wer mir den Becher kann wieder zeigen,
Er mag ihn behalten, er ist sein Eigen.“

Frederik klappt das Buch zu und meint: „Da ist doch richtig was los!“ Marco bedankt sich bei Frederik beziehungsweise Herrn Russo und beide gehen auf ihre Plätze. Witzig, wie die beiden so erwachsen daherreden.

Pauline und Demet treten nach vorn. Demet guckt uns alle an, dann ruft sie: „Wollt ihr Spannung pur? Dann lest **Desperaux**[1] von Kate DiCamillo!“ Pauline: „Der Held unserer Geschichte ist zwar nur eine kleine Maus, aber manchmal stehen auch kleine Mäuse vor sehr großen Aufgaben. Zum Beispiel, wenn sie eine Prinzessin aus einem finsteren Verlies retten müssen. Die Abenteuer von Desperaux im Kampf mit den Ratten sind haarsträubend und atemberaubend!“ Demet: „Lest es selbst! **Desperaux** von Kate DiCamillo.“

[1] **Desperaux** wird „Despero“ gesprochen.

Zum Abschluss schauen wir uns die Ausstellung in unserem Klassenraum an. An einer Plakatwand hängen unsere Buchvorstellungen. Außerdem haben Janina und Feysal eine Liste aufgehängt, auf der die Besucher ihre besten sechs Bücher wählen können. Eine tolle Idee!

Stephanie Jentgens

Buchvorstellung

Titel: Sophiechen und der Riese
Autor: Roald Dahl

Darum geht es:
Das Waisenkind Sophie wird eines Nachts aus seinem Bett im Kinderheim von einem Riesen geklaut. Zuerst hat sie Angst, aber dann zeigt sich, dass der Riese GuRie ein guter Riese ist. Er rettet Sophie vor den neun Menschenfresser-Riesen und geht mit ihr nach London. Im Auftrag der Königin von England bekämpfen Sophie und GuRie die anderen Riesen.

Wer vorkommt:
Sophie, der Riese GuRie und die anderen neun Riesen, die Königin von England, deren Kammerzofe, der Oberhofmeister, zwei Soldaten

Was uns besonders gut gefällt:
Uns gefällt, dass der Riese GuRie sehr witzig spricht. Er sagt zum Beispiel immer „Leberwesen" statt Lebewesen oder „Zuschrauber" statt Zuschauer.

Eine besonders schöne Stelle aus dem Buch:
Seite 47

Was wir noch über den Autor herausgefunden haben:
Roald Dahl war Engländer. Er hat von 1916 bis 1990 gelebt. Im Internet findet man unter *www.roalddahl.com* noch viel mehr über ihn.

Weitere Bücher des Autors:
Matilda, Hexen hexen, Der Zauberfinger, Die Zwicks stehen Kopf

So sah die Buchvorstellung von Lena, Alex, Maria und Roberto aus.

Unbekannte Wörter nachschlagen

Die Körperbemalung der Indianer

Man hat die Indianer Rothäute genannt, aber ihre natürliche Hautfarbe ist hellbraun. Rot war eine heilige Farbe für viele Indianerstämme. Die Krieger bemalten sich damit, weil sie glaubten, dass sie dann unbesiegbar sind. Die Bemalung diente jedoch nicht zur Tarnung, im Gegenteil: Gerade die mutigsten Indianer waren am auffälligsten bemalt. Bei vielen Prärieindianern galt Rot als Kriegsfarbe. Weiß war meist die Farbe für Trauer, Schwarz drückte Freude aus.

Prärieindianer

Die Farbstoffe für die Bemalung gewannen die Indianer aus Pflanzen und Mineralien. Aus Wurzeln, Moos und Nüssen erhielt man Grün, Schwarz und Orange. Auch Holzkohle ergab schwarze Farbe. Eisenhaltige Erde nahmen die Indianer für Braun und Rot. Die Farbstoffe wurden zerstampft und das Pulver mit Fett vermischt. Die Indianer trugen die Farben mit den Fingern oder mit einem Knochenstück auf die Haut auf. Feine Linien zogen sie mit Tierhaaren.

Mineralien

nach Hans Peter Thiel

Prärie
Unter Prärie versteht man das **Grasland** im Innern Nordamerikas und Kanadas.

Prärieindianer
Sie lebten in Nordamerika oder Kanada in der Prärie. Eine Prärie ist ein Grasland.

Mineralien
...

Im Lexikon werden Wörter erklärt. Bei manchen Erklärungen sind Begriffe besonders markiert. Wenn du bei diesen Begriffen im Lexikon nachschlägst, erfährst du noch mehr zu dem gesuchten Wort.

So geht's

In manchen Texten stehen Wörter, die du nicht kennst.
Deshalb kann es schwierig für dich sein, den Text zu verstehen.
Das kannst du tun, um die Bedeutung unbekannter Wörter zu klären:

1. Ich lese den Text leise für mich.

2. Ich unterstreiche unbekannte Wörter und schreibe sie auf.

3. Ich schlage die Wörter in einem Wörterbuch oder Lexikon nach.

4. Ich schreibe die Bedeutung der unbekannten Wörter auf.

5. Ich lese den Text noch einmal und überprüfe, ob ich jetzt alles verstehen kann.

Du musst nicht alle unbekannten Wörter nachschlagen.

- Probiere zuerst aus, ob es im Text Hinweise auf die Bedeutung gibt.
- Du kannst auch mit anderen Kindern über die unbekannten Wörter sprechen.

Probier' es aus: Seite 34 Seite 71 Seite 72

Zwischenüberschriften finden

Wo die Schokolade wächst

Der Kakaobaum, seine Früchte und die Kakaobohnen

Fast jedes Kind liebt Schokolade. Aber woraus wird sie eigentlich gemacht? Um Schokolade herzustellen braucht man Kakao und der stammt von einer Pflanze, dem Kakaobaum. Er wächst in tropischen Ländern, wo es immer warm und feucht ist. Der Kakaobaum trägt große, gurkenähnliche Früchte, die direkt am Stamm wachsen. Diese Kakaofrüchte enthalten ungefähr fünfzig bittere Kakaobohnen.

Bei der Kakaoernte

Bei der Kakaoernte werden die reifen Früchte von Hand mit einem scharfen Messer abgeschlagen. Die Erntearbeiter öffnen die Früchte mit einem geschickten Schlag ihrer Buschmesser und lösen die Kakaobohnen heraus. Die Bohnen werden mit Bananenblättern abgedeckt und beginnen nach kurzer Zeit zu gären. So färben sich die Bohnen braun und bekommen ihr Aroma. Danach werden sie in der Sonne getrocknet. Die Kakaobohnen werden in Säcke gepackt und auf Schiffe verladen.

In der Schokoladenfabrik

Die Schiffe bringen die Bohnen nach Europa und Nordamerika in die Schokoladenfabriken. Dort werden sie gereinigt und geröstet, bis ihre Schalen platzen. Jetzt entfalten sie ihren Geschmack und werden zu einem bitter schmeckenden Kakaobrei zermahlen. In diesen Brei rührt man noch viel Zucker und fertig ist die Schokolade. Für 20 Tafeln Schokolade braucht man die Ernte eines ganzen Kakaobaumes.

Originalbeitrag

Der Kakaobaum

Die Kakaoernte

So geht's

Du willst den Inhalt eines Textes gut verstehen
und ihn mit eigenen Worten wiedergeben.
Passende Zwischenüberschriften helfen dir dabei.

1. Ich lese den Text leise für mich.
2. Ich unterstreiche wichtige Wörter im Text.
3. Ich suche zu jedem Abschnitt eine passende Überschrift und schreibe sie daneben. Dabei helfen mir wichtige Wörter in dem Abschnitt.
4. Ich lese meine Zwischenüberschriften und überlege:
   - Habe ich den Text verstanden?
   - Kann ich den Inhalt mit eigenen Worten wiedergeben?

Zwischenüberschriften helfen dir auch, wenn du
- von einem Text eine Zusammenfassung schreiben willst,
- mit Informationen aus dem Text ein Plakat gestalten willst.

Probier' es aus: Seite 72 Seite 94 Seite 124

Im Internet Informationen suchen

Warum ändert das Chamäleon seine Farbe?

Das Chamäleon ist dafür bekannt, dass es seine Farbe wechseln kann. Manche Menschen glauben, das Chamäleon tut das nur, um sich zu tarnen und von seinen Feinden nicht entdeckt zu werden. Das stimmt aber so nicht!

Im Internet kannst du Informationen zum Thema Chamäleon finden. Dabei hilft dir eine **Suchmaschine**. Suchmaschinen findest du unter verschiedenen Internetadressen, die im Adressfeld eingegeben werden. Sie beginnen immer mit **www.** und enden mit **.de** für Deutschland.

In die Suchmaschine gibt du dein Stichwort ein: Chamäleon

Eine gute Suchmaschine für Kinder ist **Die blinde Kuh**: http://www.blinde-kuh.de. Unter dieser Adresse findest du noch mehr Suchmaschinen speziell für Kinder: http://www.jadukids.de/suchmaschine/

Nach kurzer Zeit bekommst du dein Suchergebnis. Auf dieser Seite sind **Links** angegeben. Link stammt aus dem Englischen und bedeutet verbinden. Links sind die direkte Verbindung zu Internetseiten, die zu deinem Stichwort passen. Die Links, die du interessant findest, klickst du an.

Manche Wörter sind unterstrichen oder haben eine andere Farbe. Hier kannst du weitere Informationen finden. Das erkennst du auch am Mauszeiger. Er verwandelt sich in eine **Hand.**
Klicke mit der Maus auf diese Wörter, wenn du mehr dazu wissen willst.

Originalbeitrag

So geht's

Du hast eine Frage oder du willst zu einem Thema mehr wissen. Im Internet kannst du dazu Informationen finden.

1. Ich gebe die Internetadresse einer Suchmaschine in das Adressfeld ein.

2. Ich tippe ein Stichwort, das zu einem Thema passt, in die Suchmachine ein und klicke auf **suchen**.

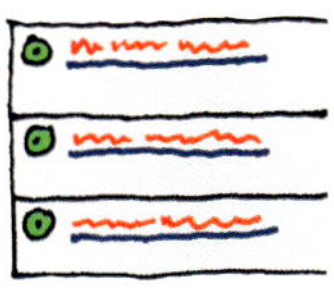

3. Die Suchmaschine zeigt mir verschiedene Links zu meinem Stichwort. Ich klicke die Links an und lese auf den Internetseiten nach, ob ich dort die gesuchten Informationen finde.

4. Internetseiten mit wichtigen Informationen kann ich ausdrucken.

Auf der Startseite von **Die Blinde Kuh** findest du einen Hinweis für einen Suchmaschinen-Kurs.
Dort lernst du, wie du Informationen noch besser finden kannst.

Probier' es aus: Seite 27 Seite 62 Seite 117

Aussagen zum Text überprüfen

Ein Kuss von Karfunkel

In der Schule von Max wurde das Theaterstück „Schule mit Clowns“ aufgeführt. Alle Kinder warten gespannt auf den Beginn der Vorstellung.

Im Zuschauerraum ging das Licht aus. Es wurde mucksmäuschenstill. Jemand stolperte hinter der altmodischen Tafel hervor, riss die Augen weit auf und starrte uns an. So, wie der guckte, gucken nur Clowns. Ich kann nicht sagen, was das Besondere ist. Ich weiß nur, dass Clowns anders gucken. Ganz anders. In ihren Augen ist Lachen und Weinen, alles auf einmal.

Da sah ich sie. Sie war klein. Ich hatte noch nie eine Clownin gesehen. „Ich heiße Karfunkel“, sagte sie mit einer Stimme, die dunkel und heiser war. Karfunkel zog einen roten Schminkstift aus der Schachtel und fragte: „Darf ich euch anmalen?“ Sie ging durch die Reihen und malte den Leuten die Nasen rot oder ein Herz auf die Stirn. Jetzt kam sie zu mir. „Du auch?“ Ich nickte. Es kitzelte, als sie meine Nase anmalte.

„Jetzt muss ich mich selbst noch anmalen. Dann geht's richtig los. Kann mir mal jemand den Spiegel halten?“ Ich wollte mich melden. Doch ich saß da mit schweren Armen, sah die Clownin an und hörte mein Herz hämmern wie verrückt. Und dann passierte ein Wunder. Karfunkel kam auf mich zu, drückte mir den Spiegel in die Hand und fing an sich zu schminken. Ich hielt den Spiegel so fest, dass mir die Hand wehtat.

„Gefalle ich dir so?“, fragte sie, als sie fertig war.

„Du … du bist schön.“ Sie lächelte, nahm mir den Spiegel aus der Hand und küsste mich neben meine rote Clownsnase. Küsste mich! Mein Gesicht wurde ganz heiß. Dann tanzte sie wieder auf die Bühne.

Inge Meyer-Dietrich

Überprüfe diese Aussagen mit passenden Textstellen:

1. Clowns gucken anders.
2. Karfunkel kam ungeschminkt auf die Bühne.
3. Max hat sich in Karfunkel verliebt.

1.
Abschnitt 1, Zeile 4 bis 6:
- Ich weiß nur, dass Clowns anders gucken. Ganz anders.
- In ihren Augen ist Lachen und Weinen, alles auf einmal.

3.
Abschnitt 3, Zeile 17 und Abschnitt 4, Zeilen 22 und 24:
- … hörte mein Herz hämmern wie verrückt …
- Du … du bist schön.
- Mein Gesicht wurde ganz heiß.

2.
Abschnitt 3, Zeile 14:
- Jetzt muss ich mich selbst noch anmalen.

So geht's

Zu einem Text werden Aussagen gemacht.
Du willst überprüfen, ob sie stimmen.

1. Ich lese den Text und die Aussagen leise für mich.

2. Ich unterstreiche Textstellen, die zu den Aussagen passen.

3. Ich schreibe diese Textstellen zu den Aussagen auf.

Du kannst auch selbst Aussagen zum Text aufstellen.

Probier' es aus: Seite 22 Seite 76 Seite 116

Mit Plakaten präsentieren

Zugvögel

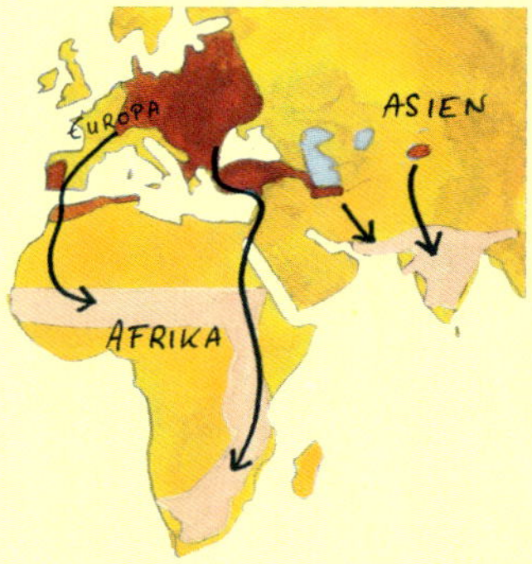

Brutgebiet
Winterquartier

Jedes Jahr, wenn die Tage kürzer werden und es kälter wird, ziehen große Schwärme von Vögeln in wärmere Regionen. Sie fliegen nach Südeuropa, manche sogar bis nach Südafrika. Im Winter finden sie bei uns keine Nahrung mehr. Zugvögel fressen Würmer und Insekten.

Viele Vögel fressen sich vor dem Flug Fettreserven an, weil sie für die weite Strecke viel Energie brauchen.

Zugvögel sind Hochleistungssportler, sie fliegen mehrere Stunden am Tag. Störche fliegen etwa 100 bis 200 km am Tag, kleinere Vögel etwa 35 km. Die Flugstrecken sind unterschiedlich lang. Störche fliegen insgesamt zwischen 6000 und 10 000 km weit und brauchen etwa drei Monate bis in ihr Winterquartier in Afrika.

Nicht alle Vögel erreichen auf dem langen Hin- und Rückflug ihr Ziel. Es lauern viele Gefahren. Bei dichtem Nebel können sie gegen hohe Strommasten und Türme prallen. Vor allem Störche sind durch die vielen Stromleitungen besonders gefährdet. Auch Hagel, Hitze und Sandstürme erschweren den Flug.

Originalbeitrag

Vögel ziehen nach Südeuropa, weil sie bei uns keine Nahrung mehr finden.

www.kidsnet.at/Sachunterricht/zugvoegel.htm

So geht's

Mit einem Plakat könnt ihr andere Kinder informieren.

1. Wir sammeln Bilder und Texte für unser Plakat und lesen die Texte leise durch.

2. Wir überlegen:
   - Welche Texte sind besonders interessant?
   - Welche Bilder passen gut?
   - Was können wir noch selbst zeichnen?

3. Wir lesen unsere Texte genau durch. Wichtige Stellen unterstreichen wir oder schreiben sie auf.

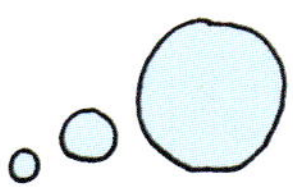

4. Wir überlegen, wie unser Plakat aussehen soll:
   - Was soll besonders auffallen?
   - Was darf auf keinen Fall fehlen?
   - Welche Bildunterschriften wählen wir?

5. Wir bereiten unsere Präsentation vor:
   - Wer stellt was vor?
   - Was müssen wir noch erklären?

6. Wir stellen anderen Kindern unser Plakat vor.

Probier' es aus: Seite 34 Seite 40 Seite 65

Texte zum Vorlesen vorbereiten

Tu's nicht!

Da war einmal ein Drache. /
Der lebte in einer /…
Na, / du kannst es dir denken: /
in einer Höhle natürlich, /
in einer Höhle tief drinnen im /…
Du hast es dir schon gedacht: /
tief drinnen im Berg. /
Da lebte er, / der Drache.

Und einmal hat er
in seiner Gier
so viel Lava
und glühende Steine
und Feuer
und Schwefel verschlungen – /
sein Lieblingsessen,
musst du wissen –, /
dass er nicht schlafen konnte, /
so hat es ihn gezwackt
und gedrückt im / …
Bauch!
Ja, im Bauch.
In seinem dicken, vollen Bauch.

Und da hat er – /
damit ihm leichter würde
und er schlafen könnte – /
da hat er einen /…
Wie sag' ich es bloß?
Da hat er /…
Nein!
Ich kann es nicht sagen! /

So was sagt man doch nicht!
Und das tut man auch nicht!
Jedenfalls nicht, |
wenn man nicht allein ist.

Aber er war allein. |
Und er hat es getan. |
Und da gab es ein | …

ERDBEBEN

Ute Andresen

Markierungen im Text:

- ___ Betonung
- | Pause
- (xxx) Mimik und Gestik

So geht's

Du möchtest anderen einen Text lebendig und interessant vorlesen.

1. Ich lese den Text leise für mich.

2. Ich markiere Textstellen:
   - Ich unterstreiche die Wörter, die betont werden.
   - Für Pausen mache ich einen Strich | .

3. Ich kreise die Textstellen ein, zu denen mir ein Gesichtsausdruck oder eine Bewegung einfällt.

4. Ich lese den Text laut für mich.

5. Ich lese meinen Text anderen mit Betonungen, Pausen, Mimik[1] und Gestik[2] vor.

Auch das Lesetempo und die Lautstärke können den Text lebendiger machen.

[1] **Mimik** ist ein anderes Wort für Gesichtsausdruck.
[2] **Gestik** ist ein anderes Wort für Körperbewegungen.

Probier' es aus: Seite 39 Seite 42 Seite 136

Texte mit Bildern präsentieren

In dieser Minute

In der Minute, die jetzt ist –
Und die du gleich nachher vergisst,
Geht ein Kamel auf allen vieren
Im gelben Wüstensand spazieren,
Und auf dem Nordpol fällt jetzt Schnee,
Und tief im Titicacasee
Schwimmt eine lustige Forelle.
Und eine hurtige Gazelle
Springt in Ägypten durch den Sand.
Und weiter weg im Abendland
Schluckt jetzt ein Knabe Lebertran.
Und auf dem großen Ozean
Fährt wohl ein Dampfer durch den Sturm.
In China kriecht ein Regenwurm
Zu dieser Zeit zwei Zentimeter.
In Prag hat jemand Ziegenpeter,
Und in Amerika ist wer,
Der trinkt grad seine Tasse leer.
Und hoch im Norden irgendwo,
Da hustet jetzt ein Eskimo,
Und in Australien – huhu –
Springt aus dem Busch ein Känguru.
In Frankreich aber wächst ein Baum
Ein kleines Stück, man sieht es kaum,
Und in der großen Mongolei
Schleckt eine Katze Hirsebrei.
Und hier bei uns, da bist nun du
Und zappelst selber immerzu,
Und wenn du das nicht tätest, wär
Die Welt jetzt stiller als bisher!

Eva Rechlin

So geht's

Du kannst mit selbst gemalten Bildern einen Text präsentieren.

 1. Ich lese den Text leise durch.

 2. Ich unterstreiche im Text, was ich malen möchte.

 3. Ich male meine Bilder auf Folien.

 4. Ich probe die Präsentation:
Ich spreche den Text und zeige dazu
die entsprechende Folie.

 5. Ich präsentiere den Text mit meiner Folie.

- Du kannst deine Bilder auch auf Diagläser malen und mit dem Diaprojektor vorführen.
- Du kannst den Text auch frei erzählen.

Probier' es aus: Seite 49 Seite 58 Seite 91

Gedichte schreiben

Ich bin der Wind

Ich bin der Wind.
Über die Felder
jage ich die Blätter.
Huiii und wirble
sie hoch.
Ich bin der Wind.
Soll ich dir
Angst machen?
Das könnte ich auch.
Ich bin der Wind.
Den Wetterhahn auf
dem Kirchturm
mache ich zum Propeller.
Wetten?
Ich bin der Wind.
Aufgewacht, ihr Lüfte,
ihr Stubenhocker!
Ich bin der Wind.
Meer! Soll ich dir
Wellen machen?
Ich weiß, dass du
das magst!
Ich bin der Wind.
Ich bin frei!
Versucht doch,
mich einzufangen!

Erwin Moser

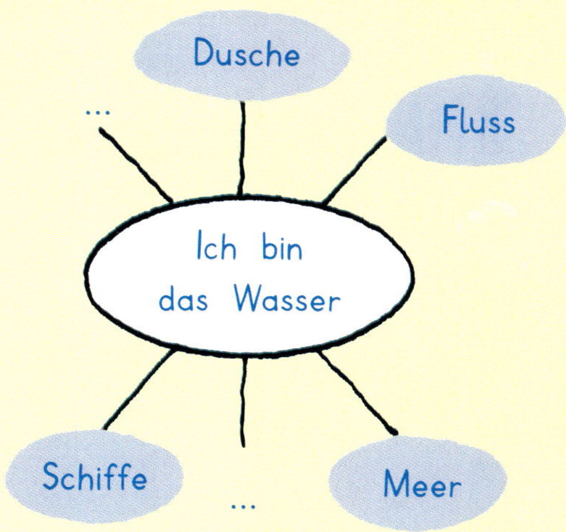

Ich bin das Wasser

Auf dem Meer schaukle ich die Schiffe.
Ich bin das Wasser.
Gerne überschwemme ich unseren Garten.
Ich bin das Wasser.
Am liebsten rausche ich kalt durch die Dusche.
Ich bin das Wasser.
Im Fluss kitzle ich die Steine.

So geht's

Du kannst ein Gedicht schreiben, indem du ein anderes Gedicht als Vorlage benutzt. Das kann dir dabei helfen:

1. Ich lese das Gedicht leise durch.
2. Ich überlege, was mir an dem Gedicht auffällt:
   - Gibt es besondere Wörter?
   - Gibt es Reime?
   - Wiederholen sich Verse?
   - Erkenne ich einen Bauplan?
3. Ich sammle Ideen für mein eigenes Gedicht.
4. Ich schreibe mein Gedicht.
5. Ich trage mein Gedicht anderen vor und überlege, ob ich noch etwas verändern möchte.

Du kannst dein Gedicht in schöner Schrift auf ein Blatt übertragen und dieses gestalten.

Probier' es aus: Seite 50 Seite 54 Seite 55

Zu Texten schreiben

Der Klassendieb

Wir haben vorher verabredet, dass wir ins Zimmer hineinspazieren, lächeln und Nils als Klassensprecher einfach sagt: „Hallo David! Wir wollten dich besuchen und mal sehen, wie es dir so geht!“ Aber die Stationsschwester hat uns vor der Tür abgefangen und gemeint, David sei gerade eben eingeschlafen und der Arzt habe verboten ihn zu wecken. „Dann warten wir eben“, hat Nils entschieden und die Krankenschwester hat gesagt: „Ihr könnt dort vorne im Wartezimmer Platz nehmen, ich sage euch Bescheid, wenn es so weit ist.“

Also sitzen wir jetzt hier und warten. Und je länger wir warten, desto mulmiger wird uns. Denn als Nils, Rona, Malte und ich letzte Woche bei Davids Eltern geklingelt und gefragt haben, ob man David schon im Krankenhaus besuchen dürfe, da hat seine Mutter gesagt: „Man darf. Aber ich glaube nicht, dass er euch sehen will, nach allem, was passiert ist.“ Dann hat sie einfach die Tür zugemacht.

Christian Waluszek

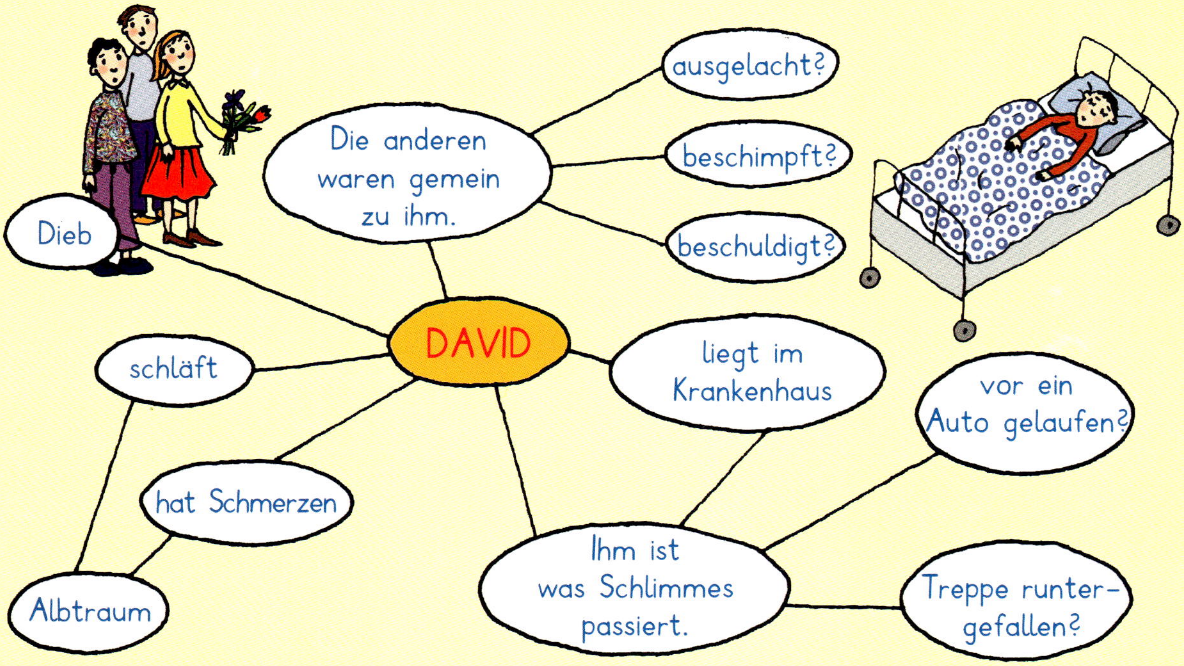

David träumt.
Es ist immer der gleiche Albtraum. Ich stehe oben in der Schule, an der Treppe. Die anderen kommen auf mich zu. Ihre Münder sind weit aufgerissen. Sie schreien etwas, aber ich kann es nicht hören. Ihre Gesichter kommen immer näher, werden immer größer. Sie blasen sich auf. Ich gehe langsam rückwärts …

Nils denkt:
Okay, es geschieht uns ganz recht. Wir waren echt gemein zu David. Aber dass ich immer alles für die anderen regeln soll, ist auch ungerecht. Immer soll ich als Erster reden. Klassensprecher zu sein ist manchmal ganz schön ätzend. Immer muss ich alles erklären, dabei hab' ich doch gar nichts gegen David. Alle haben gemeint, dass …

So geht's

Du kannst in die Rolle einer Figur[1] in der Geschichte schlüpfen und die Geschichte aus ihrer Sicht erzählen und aufschreiben.

1. Ich lese den Text genau durch.
   Ich wähle eine Figur in der Geschichte aus, die mich am meisten interessiert.

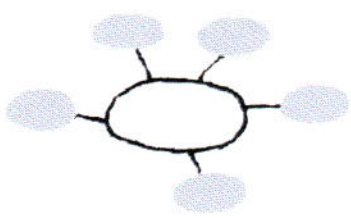

2. Ich lege ein Gedankennetz zu meiner Figur an,
   - In die Mitte schreibe ich ihren Namen.
   - Dann sammele ich alles, was ich über die Figur weiß.
   - Ich schreibe Ideen auf, was die Figur fühlt und was früher mit ihr geschehen sein könnte.

3. Ich schreibe meinen Text.
   - Ich wähle eine Überschrift.
   - Ich schreibe in der Ich-Form auf, was die Figur gerade erlebt, was sie denkt oder fühlt.

4. Ich lese meinen Text vor.

[1] **Figuren** in einer Geschichte können Personen oder Tiere sein.

Probier' es aus: Seite 22 Seite 64 Seite 136

Geschichten erfinden und erzählen

Der rote Luftballon

Zu diesen vier Bildern denken sich Lea, Steffen, Farina und Charlotte gemeinsam eine Geschichte aus. Zuerst verabreden sie, dass ihre Geschichte von Frau Klein und an einem Sommermorgen im Garten handeln soll. Lea, die die Karte mit dem Apfelbaum gezogen hat, fängt an zu erzählen:

„An einem schönen Morgen im Sommer trat Frau Klein in ihren Garten hinaus. Sie ging zum Beet und schnupperte an ihren Blumen. Schließlich trat sie unter ihren Apfelbaum und schaute hinauf."

Lea guckt Steffen an und er erzählt weiter:

„Da saß doch tatsächlich ein Indianer in ihrem Apfelbaum und aß genüsslich einen roten Apfel. Sie war so erstaunt, dass sie einfach nur mit offenem Mund dastand."

Schnell ergreift Farina das Wort:

„Ein roter Luftballon kam über den Gartenzaun gesegelt. Der Indianer reckte sich, fing die Schnur des Luftballons und sprang mit einem gewaltigen Satz vom Baum herunter, direkt vor die Füße von Frau Klein. Sie war vor Schreck ganz steif geworden. Sie wollte weglaufen, aber ihre Beine gehorchten ihr nicht. Doch dann streckte der Indianer ihr den Luftballon entgegen und sie nahm sein Geschenk an. Unterhalten konnten sie sich nur mit Zeichensprache, denn der Indianer verstand kein Deutsch und Frau Klein konnte seine Sprache auch nicht verstehen."

Charlotte erzählt das Ende der Geschichte:

„Zuerst einmal frühstückten sie gemeinsam. Dann brachte Frau Klein den Indianer in ihrem Auto zum Hafen nach Hamburg. Dort suchten sie ein Schiff nach Amerika. Als er auf das Schiff ging, war Frau Klein traurig. Der rote Luftballon blieb noch lange in ihrem Wohnzimmer hängen – auch als er schon ein wenig Luft verloren hatte."

Originalbeitrag

So geht's

Zu Bildern könnt ihr eigene Geschichten erfinden und erzählen.

1. Wir bilden Gruppen mit vier bis sechs Kindern und setzen uns in einen Kreis. Jeder nimmt ein Bild.

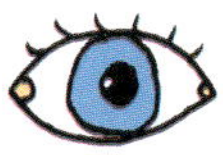

2. Wir schauen uns die Bilder gemeinsam an.

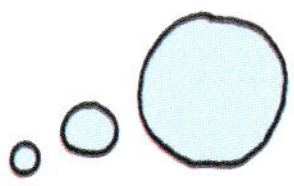

3. Wir überlegen:
   - Wer ist unsere Hauptfigur?
   - Wann und wo spielt unsere Geschichte?

3. Ein Kind aus unserer Gruppe fängt an mit: „An einem ..." oder „Als ...".
   Jeder achtet darauf, dass sein Teil der Geschichte zu dem der anderen passt.

Ihr könnt euch eine eigene Bilderkartei anlegen.
Ihr könnt auch ein Memory-Spiel zum Erzählen nehmen.

Wenn du ein Bild ziehst, zu dem dir nichts einfällt, darfst du es austauschen.

Probier' es aus: Seite 38 Seite 48 Seite 102

Zu Texten eine Fotostory erstellen

Der Einbrecher mit der roten Kappe

„Drei Einbrüche in einer Woche!“, schimpfte Oskar und setzte sich auf die Treppe des Gartenhäuschens seines Opas. „Und die Polizei war gerade mal für zwei Minuten hier“, fügte Mia düster hinzu. „Wie wollen die denn so den Einbrecher schnappen?“, knurrte Örgen. ... „Dabei ist eine ganze Menge geklaut worden“, schimpfte Oskar weiter. ...

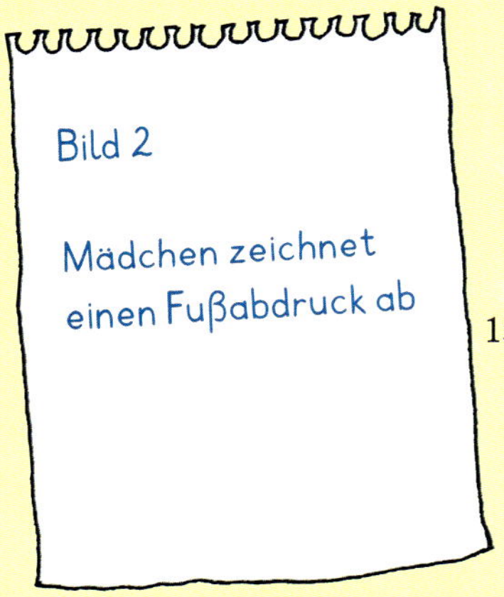

Eine der Fensterscheiben war in der letzten Nacht eingeschlagen worden. Da, vor dem kaputten Fenster, waren ein paar deutliche Fußabdrücke, die Kringel aufwiesen. Komisch, dass die Polizei sie gar nicht angeschaut hatte.

„Was malst du da?“, fragte Örgen und schaute auf die Zeichnung, die Mia gerade anfertigte. „Kleine Würstchen? Hast du vielleicht Hunger?“ „Das ist der Schuhabdruck des Einbrechers, du Trottel“, erklärte Mia ungeduldig. „Und haben nicht ein paar Leute gesagt, sie hätten hier jemanden mit einer roten Sportkappe herumschleichen sehen?“, fragte Oskar nachdenklich. ...

Plötzlich hob er etwas auf, das ein Stück weiter auf der Erde lag. „Ein Zigarettenstummel! Bei euch raucht doch keiner, oder?“ „Nein!“, rief Mia aufgeregt. „Der muss auch von dem Dieb sein!“ „Das ist doch eine wirklich heiße Spur“, sagte Oskar. „Ein Fußabdruck, eine rote Sportkappe, eine Zigarette der Marke ...?“

Er warf einen angewiderten Blick auf den Zigarettenstummel. „Marke Camel!“, meinte er dann und packte Mia am Arm. „Los, wir schauen uns mal um!“
Zu dritt stürmten sie davon.
„Okay, sechs rote Kappen haben wir in der Kolonie[1] ausfindig gemacht“, schnaufte Mia eine Stunde später atemlos. „Eine davon gehört allerdings meinem kleinen Bruder und der ist erst drei“, sagte Örgen vorwurfsvoll. „Bleiben noch fünf rote Kappen“, folgerte Oskar. „Also morgen ist Schuhkontrolle!“, rief Örgen und wedelte mit Mias Zeichnung.

Bild 4

Die Jungen und das Mädchen sind im Bild. Neben dem einen Jungen steht ein kleiner Junge mit roter Kappe.

Am nächsten Tag schlichen die drei erneut durch die Kolonie. Der erste Jugendliche mit einer roten Kappe lief gerade über ein feuchtes Stück Vorgarten. „Der war es nicht“, flüsterte Örgen. „Keine Würstchenabdrücke!“ Mia und Oskar kicherten. Auch der nächste Verdächtige hatte keine Schuhabdrücke mit Kringeln.
Der dritte Jugendliche lag auf der Wiese und hörte Musik. Oskar warf einen schnellen Blick auf seine Turnschuhe. „Das sind die richtigen!“, flüsterte er aufgeregt. „Was machen wir jetzt?“
Mia lächelte. Und dann beugte sie sich über den Gartenzaun und rief: „He, ich wollte dir nur sagen, dass Rauchen äußerst schädlich ist!“ Der Jugendliche starrte Mia verwirrt an.
„Aber ich rauche doch gar nicht …“, stotterte er.
„Ich habe noch nie geraucht, verflixt!“
„Dann ist’s ja gut“, sagte Mia und rannte davon. …

Bild 5

Jugendlicher mit roter Kappe, Kopfhörern und Turnschuhen

[1] Eine **Kolonie** ist eine Gartenhaussiedlung.

Bild 6

Sportplatz,
Fussballspiel,
zwei Jugendliche
rauchend,
rote Kappen,
Turnschuhe

Die beiden letzten Verdächtigen standen gemeinsam vor dem Sportplatz und schauten einem Fußballspiel zu. Beide hatten ihre roten Kappen auf dem Kopf. Und ärgerlicherweise rauchte jeder von ihnen eine Zigarette. „Wir müssen ihre Fußabdrücke sehen“, raunte Mia nervös. Aber die beiden Jugendlichen standen da wie festgewachsen. Nach einer Weile hatten sie wenigstens zu Ende geraucht. Achtlos warfen sie die Zigarettenstummel auf die Wiese. „Sie rauchen beide Camel-Zigaretten!“, flüsterte Mia und verdrehte die Augen. Schließlich hatte sie eine Idee.

Blitzschnell stand sie auf und lief ein paar Meter, bis sie eine Stelle fand, wo es einen kleinen Wegstreifen mit feuchter Erde gab. Hier tat sie, als stolpere sie. „Aua“, jammerte sie und blinzelte zu den Jugendlichen hinüber. „Ist was? Brauchst du vielleicht Hilfe?“, fragte einer von ihnen schließlich ungeduldig.
Mia nickte hoheitsvoll.
„Ja, ich kann nicht aufstehen“, erklärte sie dramatisch und hatte Herzklopfen vor Aufregung. Örgen und Oskar hatten sich vorsorglich ins Gebüsch verdrückt.

Nebeneinander schlenderten die beiden Jugendlichen zu Mia hinüber. Mia starrte mit angehaltenem Atem auf den Boden. Da, der erste Jugendliche machte den entscheidenden Schritt … Zickzacklinien! Aber jetzt: Die Abdrücke des fünften Verdächtigen entlarvten ihn. Lauter Kringel waren plötzlich auf dem frühlingsfeuchten Boden.
„Na also“, triumphierte Mia und zusammen mit Oskar und Örgen rannte sie kurz darauf zur Polizei.

Jana Frey

Mia, Oskar und Örgen sind sauer!

Mia entdeckt einen verdächtigen Fußabdruck.

So geht's

Zu Texten könnt ihr eine Fotostory selbst entwickeln.

1. Wir suchen uns einen interessanten Text aus.

2. Wir erstellen ein Storyboard[1] zum Text:
   - Wir unterteilen die Geschichte in Abschnitte.
   - Wir zeichnen zu jedem Abschnitt ein Bild oder schreiben auf, was auf dem Foto zu sehen sein soll.

3. Wir machen Fotos zu den einzelnen Bildern.
   - Welche Requisiten brauchen wir?
   - An welchen Orten wollen wir Fotos machen?

4. Wir schreiben Texte für die Sprechblasen und Bildunterschriften und fügen sie zu unseren Fotos.

5. Wir stellen unsere Fotostory aus.

[1] Ein **Storyboard** ist ein Drehbuch für die Fotostory.

Probier' es aus: Seite 58 Seite 86 Seite 104

Zu Texten spielen

Die beiden Ziegen

Zwei Ziegen begegneten einander
auf einem schmalen Steg,
der über einen reißenden, tiefen Waldstrom führte;
die eine wollte hinüber,
die andere herüber.
„Geh mir aus dem Weg!“, sagte die eine.
„Das wär mir schön!“, rief die andere,
„geh du zurück und lass mich hinüber;
ich war zuerst auf der Brücke!“
„Was fällt dir ein?“, versetzte die erste.
„Ich bin so viel älter als du
und sollte dir weichen?
Nimmermehr!“

Zwei Ziegen begegnen sich auf einer Brücke.

Keine wollte nachgeben;
jede wollte zuerst hinüber
und so kam es vom Zank zum Streit
und zu Tätlichkeiten.
Sie hielten ihre Hörner vorwärts
und rannten zornig gegeneinander.

Zwei Ziegen streiten sich und kämpfen.

Von dem heftigen Stoßen
verloren beide das Gleichgewicht
und sie stürzten miteinander
von dem schmalen Steg hinab
in den reißenden Waldstrom,
aus dem sie sich nur
mit großer Anstrengung ans Land retteten.

Die beiden Ziegen stürzen im Streit in den Bach.

Albert Ludwig Grimm

Hinter den Kulissen

Mit Folien bekommt ihr ein buntes Bühnenbild.

Mit Requisiten und anderen Hilfsmitteln könnt ihr gute Effekte erzielen.

Die Texte werden vor der Bühne gelesen. Mit Instrumenten könnt ihr die Aktionen der Spieler begleiten.

Das brauchen wir für die Bühne:
- Leintuch an einem Holz befestigt
- zwei Kartenständer
- Tageslicht-Projektor

Das brauchen wir für das Spiel:
- eine Langbank
- Pappe, Schere, Klebstoff und Gummiband

So geht's

Ihr könnt einen Text als Schattenspiel aufführen.

1. Wir lesen den Text leise durch.
   Wir suchen für jede Szene eine Überschrift.

2. Wir überlegen:
   - Wer spielt hinter der Bühne?
   - Welche Dinge brauchen wir, damit der Schatten richtig wirkt?
   - Wer spricht den Text?

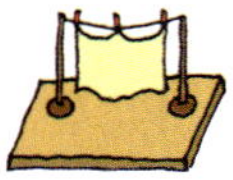

3. Wir bereiten unsere Bühne vor.

4. Wir proben das Schattenspiel.
   Wir achten darauf, dass wir
   - im Profil[1] spielen,
   - langsam spielen,
   - wichtige Szenen ausführlich spielen.

   Die Zuschauer sagen den Spielern, ob die Schatten gut wirken.

5. Wir spielen das Schattenspiel anderen vor.

Ihr erhaltet einen farbigen Hintergrund, wenn ihr bunte Folien auf den Tageslichtprojektor legt.

Ihr könnt euer Schattenspiel mit Instrumenten begleiten.

[1] **Im Profil spielen** heißt: Spiele so, dass du von der Seite gesehen wirst.

Probier' es aus: Seite 76 Seite 83 Seite 86

Inhaltsverzeichnis

Bedrohte Tiere und Pflanzen

Schrift und Schreiben

Fabeln, Sagen und Schwänke

In der Steinzeit

Auf der Spur von …

Vom Buch zum Film

Das Lern-Mobile

Verzeichnis der Textarten

Textquellen

S. 4 Die Schatzinsel; Originalbeitrag
S. 19 Paz Rodero: Zwei Freunde; aus: Paz Rodero, Zwei Freunde, bohem press, Zürich 1995
S. 20 Bester Freund – beste Freundin; Originalbeitrag
S. 21 Charles M. Schulz, Peanuts; aus: Snoopys große Liebe, © PIB Kopenhagen/Kipkakomiks GmbH, München
S. 22 Annika Thor: Ein rotes Herz, ein blauer Schmetterling; aus: Annika Thor, Ein rotes Herz, ein blauer Schmetterling, Carlsen Verlag, Hamburg 2003
S. 26 Mein Steckbrief; Originalbeitrag
S. 27 Über mich; Originalbeitrag
S. 29 Mein Traumberuf; Originalbeitrag
S. 30 Andreas Bär: Aus dem Leben eines Musikers; Originalbeitrag
S. 32 Annette Graf: Die Woche einer Bibliothekarin; Originalbeitrag
S. 34 Claudia Crämer: Mein Arbeitstag als Pilotin; Originalbeitrag
S. 36 Boy Lornsen: Robbi, Tobbi und das Fliewatüüt; aus: Boy Lornsen, Robbi, Tobbi und das Fliewatüüt, Thienemann 1968
S. 39 Hugo Ball: Karawane; aus: Richard Huelsenbeck (Hrsg.), Dada. Eine literarische Dokumentation, Reinbeck bei Hamburg 1984
S 40 Wüsten; Originalbeitrag
S. 42 Sigrid Heuck: Der Märchenerzähler in der Wüste; aus: Sigrid Heuck, Saids Geschichte oder Der Schatz in der Wüste, Beltz Verlag, Weinheim/Basel 1999
S. 46 Carmen Rohrbach: Die geheimnisvollen Wüstenzeichen von Nazca; aus: Der bunte Hund Nr. 63, 12/2002
S. 49 Barthold Heinrich Brockes: Die Welt ist allzeit schön; aus: Carl Otto Conrady (Hrsg.), Der neue Conrady. Das große deutsche Gedichtbuch, Artemis und Winkler 2002
S. 50 Hans Georg Lenzen: Knopf-Parade; aus: Hans-Joachim Gelberg (Hrsg.), Großer Ozean. Gedichte für alle, Beltz & Gelberg 2000
S. 51 Eduard Mörike: Septembermorgen; aus: Die Lieblingsgedichte der Deutschen, Artemis und Winkler 2001
S. 51 Friedrich Güll: Nebel; aus: Ich sag dir nicht, was ich dir sage. Rätsel deutscher Dichter, Verlag Langewiesche-Brandt, Ebenhausen-München 1964
S. 51 Joseph von Eichendorff: Herbst; aus: Wolfdietrich Rasch (Hrsg.), Gesammelte Werke, Carl Hanser Verlag, München 1959
S. 52 Mascha Kaléko: Der Winter; aus: Mascha Kaléko, Wie's auf dem Mond zugeht und andere Verse, Jan Thorbecke Verlag, Sigmaringen 1982
S. 52 Hans Manz: Winter; aus: Rotraut Susanne Berner, Apfel, Nuss und Schneeballschlacht, Gerstenberg 2001
S. 53 Joseph von Eichendorff: Weihnachten; aus: Carl Otto Conrady (Hrsg.), Das große deutsche Gedichtbuch, Artemis und Winkler 2000
S. 54 Volksmund: Nonsense; aus: Hans A. Halbey, Schmurgelstein so herzbetrunken. Verse und Gedichte für Nonsense-Freunde von 9–99, dtv Reihe Hanser 2001
S. 54 Erwin Grosche: Luftballon; aus: Erwin Grosche/Dagmar Geisler, Der Badewannenkapitän, dtv 2002
S. 54 Josef Guggenmos: Kappenkauf; aus: Josef Guggenmos, Oh, Verzeihung sagte die Ameise, Beltz Verlag, Weinheim und Basel 1990, Programm Beltz und Gelberg, Weinheim
S. 55 Unbekannter Verfasser: In den Gassen; aus: http://home.arcor.de/fleckybaby/karneval.html
S. 55 Karneval; Originalbeitrag
S. 56 Rolf Bongs: Erste Sonne; aus: Hans Joachim Gelberg (Hrsg.), Überall und neben dir, Beltz & Gelberg 1989
S. 56 Ludwig Uhland: Frühlingsglaube; aus: Carl Otto Conrady (Hrsg.), Das große deutsche Gedichtbuch, Artemis und Winkler 2000
S. 57 Hans Baumann: Es geht eine helle Flöte; aus: M. Litten (Hrsg.), Leselöwen – Osterbuch, Loewe Verlag, Bindlach 1984; © Möseler Verlag, Wolfenbüttel
S. 58 Klaus Modick: Sommerschauer; aus: Klaus Modick/Jub Münster, Sommerschauer, Lappan 2002
S. 61 Josef Guggenmos: Warum; aus: Josef Guggenmos, Was denkt die Maus am Donnerstag?, Georg Bitter Verlag, Recklinghausen 1966
S. 61 Josef Guggenmos. Bereinigte Flur; aus: Hans-Joachim Gelberg (Hrsg.), Überall und neben dir, Beltz Verlag, Weinheim und Basel 1968, Programm Beltz und Gelberg, Weinheim
S. 62 Die Fledermaus; Originalbeitrag
S. 63 Fledermäuse sind stark bedroht; Originalbeitrag
S. 64 Miriam Schlein: Die Zeit mit dem kleinen Panda; aus: Miriam Schlein, Die Zeit mit dem kleinen Panda, Ravensburger Buchverlag 2002
S. 65 Der große Panda: Originalbeitrag
S. 66 Frieder Stöckle: Bäume; aus: Hans-Joachim-Gelberg (Hrsg.), Oder die Entdeckung der Welt, Beltz Verlag, Weinheim/Basel 1997
S. 67 Roland Böckle: Geheimnis (gekürzter Text); aus: Ernst A. Ekker/Gerhard Hofer (Hrsg.), Ich bau mir ein Nest. Geschichten und Gedichte, Breitschopf Verlag, Wien 1989
S. 68 Das Naturtagebuch; Originalbeitrag
S. 71 Peter Daniel: Der Buchstabenberg; aus: Peter Daniel, Der Buchstabenberg, Edition Splitter, Wien 1997
S. 72 nach Irene Mohr: Vom Abschreiben zum Drucken – die Erfindung des Johannes Gutenberg; aus: Irene Mohr: Entstehung der Schrift, in: Der bunte Hund, Heft Nr. 48, Beltz & Gelberg, Weinheim 1997
S. 75 Wusstest, du, dass ...?; Originalbeitrag
S. 76 Andrea Liebers: Li Na und der Kaiser; aus: Andrea Liebers, Li Na und der Kaiser, Peter Hammer Verlag, Wuppertal 2000

S. 80 Chinesische Schriftzeichen: Gemalte Wörter; Originalbeitrag
S. 81 Schrift und Schreiben; Originalbeitrag
S. 83 Johann Gottfried von Herder: Die Sonne und der Wind; aus: Silke Leffler, Das Fabelbuch von Äsop bis heute, Beltz 2003
S. 84 Äsop: Ameise und Taube; aus: Ludwig Mader (Hrsg.), Antike Fabeln, 1951
S. 84 Sybil Gräfin Schönfeldt (nach Gotthold Ephraim Lessing): Die Wohltaten; aus: Silke Leffler, Das Fabelbuch von Äsop bis heute, Beltz 2003
S. 85 nach Martin Luther: Wie der Fuchs den Raben überlistet; aus: Wer ist der König der Tiere?, Loewes, Bayreuth 1973
S. 86 Volksgut: Der Rattenfänger von Hameln; aus: Inge Dreecken/Walter Schneider, Die schönsten Sagen Europas, Südwest Verlag, München 1973
S. 88 nach Gustav Schwab: Dädalus und Ikarus; aus: Gustav Schwab, Die schönsten Sagen des klassischen Altertums, Südwest Verlag, München 1955
S. 90 Eulenspiegel im Bienenkorb; Originalbeitrag
S. 91 Volksgut aus der Türkei: Hodscha und der Teekessel; aus: Nasreddin Hodscha. 666 wahre Geschichten, hrsg. von Ulrich Marzolph, Verlag C.H. Beck, München
S. 92 Frantz Wittkamp: ohne Titel; aus: Franz Wittkamp, Alle Tage ein Gedicht, Coppenrath Verlag, Münster 2002
S. 93 Kunst in der Steinzeit; Originalbeitrag
S. 94 Erich Ballinger: Der Höhlenmaler; aus: Erich Ballinger, Der Höhlemaler, Arena Verlag 2002
S. 97 Höhlenmalerei; Originalbeitrag
S. 98 Das Leben in der Steinzeit; Originalbeitrag
S.100 Kuriose Erfindungen der Familie Feuerstein;
S.103 Kleine Krimigeschichten; Originalbeitrag
S.104 Astrid Lindgren: Kalle Blomquist; aus: Astrid Lindgren, Kalle Blomquist, © Verlag Friedrich Oetinger, Hamburg 1996
S.104 Ein Fall für Spürnasen; nach: J. Bauer/J. Boehme, Der Spürnasenclub, © 2000 by Loewe Verlag, Bindlach
S.108 Handfeste Spuren: Fingerabdrücke; Originalbeitrag
S.110 Falcon Travis: Drei in der Espressobar; aus: Falcon Travis, Knifflige Fälle für Spürnasen und Freizeit-Detektive, Verlag an der Este, Buxtehude 1993
S.111 Julian Press: Flucht nach vorn; aus: © Die Lakritzbande in Aktion Gelber Drache, von Julian Press, 2000 C. Bertelsmann Jugendbuch Verlag, München
S.113 Cornelia Funke: Herr der Diebe; aus: Cornelia Funke, Herr der Diebe, © Cecilie Dressler Verlag, Hamburg 2000
S.116 Cornelia Funke: Alles über mich; aus: www.corneliafunke.de
S.118 nach Karin Zintz: Cornelia Funke in Venedig: Expertin in Sachen Kino, dpa, aus: www.nordclick.de/news/archiv/?id=1526299 vom 18. 11. 2004
S.119 Drehbuch zu Herr der Diebe; aus: Drehbuch von Daniel Musgrave & Richard Claus nach dem Roman von Cornelia Funke, © 2005 Cornet Film GmbH
S.120 Durch die Kamera geschaut; Originalbeitrag
S.121 Das kleine Filmlexikon; Originalbeitrag
S.123 Günter Bruno Fuchs: Ein Riese muss immer aufpassen; aus: Günter Bruno Fuchs, Gedichte und kleine Prosa, Hauser, München/Wien
S.124 Paul Maar: Der Aufzug; aus: Jutta Bauer/Arnhild Kantelhardt, Es war eine dunkle und stürmische Nacht, Gerstenberg Verlag, Hildesheim 2001
S.130 Peter Hacks: Ladislaus und Komkarlinchen; aus: Peter Hacks, Der Flohmarkt, Eulenspiegel Verlag, Berlin 2001
S.132 Erich Kästner: ohne Titel, aus: www.bibliomanic.de/zitate/bizit3.htm
S.133 Jutta Richter: Brillenschlange, Bücherwurm; aus: Jutta Richter/Ludger Edelkötter, Der Sommer schmeckt wie Himbeereis, Impulse-Musikverlag 1990
S.134 Pausenblatt Nummer 3; Originalbeitrag
S.136 Jutta Richter: Der Hund mit dem gelben Herzen; aus: Jutta Richter, Der Hund mit dem gelben Herzen, © Carl Hanser Verlag, München/Wien 1998
S.139 Liebe Frau Richter, Originalbeitrag
S.140 Pausenblatt Nummer 4; Originalbeitrag
S.142 Unsere besten Sechs, Stephanie Jentgens; Originalbeitrag
S.144 Roald Dahl: Sophiechen und der Riese, Rowohlt, Reinbek bei Hamburg 1990
S.147 Cornelia Funke: Lilli, Flosse und der Seeteufel, Fischer, Frankfurt/M. 2000
S.151 Renate Seelig (Übersetzung): Es war ein König in Thule, Gerstenberg, Hildesheim 2004
S.154 nach Hans Peter Thiel: Die Körperbemalung der Indianer; aus: Meyers Großes Indianerlexikon, Meyers Lexikonverlag, Mannheim/Leipzig/Wien/Zürich 1997
S.154 Stichwort „Prärie" aus: Das große Ravensburger Lexikon von A–Z, Ravensburger Buchverlag Otto Maier 2004
S.156 Wo die Schokolade wächst; Originalbeitrag
S.158 Warum ändert das Chamäleon seine Farbe?; Originalbeitrag
S.158 Internetauszug aus: www.blinde-kuh.de; © 1997–2005 Birgit Bachmann und Stefan Müller
S.159 Internetauszug aus: www.kindernetz.de; © SWR 2005
S.160 Inge Meyer-Dietrich: Ein Kuss von Karfunkel; aus: Inge Meyer-Dietrich, Ein Kuss von Karfunkel, Erika Klopp Verlag 1999
S.162 Zugvögel; Originalbeitrag
S.164 Ute Andresen: Tu's nicht!; aus: Ute Andresen/Monika Popp, Bruder Löwenzahn und Schwester Maus. Geschichten von der Natur, Ravensburger Buchverlag Otto Maier, Ravensburg 1989
S.166 Eva Rechlin: In dieser Minute; aus: Kliewer, Heinz-Jürgen (Hrsg.), Die Wundertüte, Reclam, Stuttgart 1989
S.168 Erwin Moser: Ich bin der Wind; aus: G. Bydlinski (Hrsg.), Der Wünschelbaum, Herder, Wien 1985
S.170 Christian Waluszek: Der Klassendieb; aus: Christian Waluszek, Der Klassendieb, Thienemann 1997
S.172 Der rote Luftballon; Originalbeitrag
S.174 Jana Frey: Der Einbrecher mit der roten Kappe; aus: Jana Frey, Detektivgeschichten, Edition Bücherbär 2004
S.178 Albert Ludwig Grimm: Die beiden Ziegen; aus: Fabelbibliothek für die Jugend, Klett Verlag. Ffm 182

Bildquellen

S. 18/19 aus: Paz Rodero/Józef Wilkon, Zwei Freunde, © 1995 by bohem press, Zürich
S. 21 Charles M. Schulz, Peanuts: Snoopys große Liebe, © PIB Kopenhagen/Kipka Komiks GmbH, München
S. 25 Cover: Annika Thor, Ein rotes Herz, ein blauer Schmetterling, Umschlag und Innenillustrationen: Heike Vogel, alle deutschen Rechte Carlsen Verlag GmbH, Hamburg 2003
S. 26 unten: © Bildarchiv Okapia, Frankfurt/Oliver Giel
S. 27 © Alexander und Adrian Gutbell, Berlin
S. 28 Collage: Merle Bormuth-Bechtold; Foto oben: © picture-alliance/dpa/Uli Deck; Foto Mitte links: © picture-alliance/dpa/Hapo; Foto Mitte rechts: © picture-alliance/dpa/ Karl Mittenzwei
S. 30/31 © Stephanie Jentgens, Wuppertal
S. 34 © picture-alliance/dpa/Ralf Brewersdorf
S. 35 © zefa/F. Damm
S. 37 Illustrationen von F. J. Tripp aus: Boy Lornsen, Robbi, Tobbi und das Fliewatüüt, © 1967 by Thienemann Verlag (Thienemann Verlag GmbH), Stuttgart – Wien
S. 38 aus: Quint Buchholz, BuchBilderBuch. 45 Bilder mit 45 Texten von Herbert Achternbusch bis Paul Wühr, mit einem Vorwort von Michael Krüger, © 1997 Sanssouci im Carl Hanser Verlag, München – Wien
S. 39 Hugo Ball: Karawane; aus: Hugo Ball, Gesammelte Gedichte, hrsg. von Annemarie Schütt-Hennings, © 1963 by VerlagsAG Die Arche, Zürich
S. 40 aus: Wissen mit Pfiff: Wüsten, © der deutschsprachigen Ausgabe: Fleurus Verlag GmbH, Köln 2002
S. 45 Cover: Sigrid Heuck, Saids Geschichte, © 2002 by Thienemann Verlag (Thienemann Verlag GmbH), Stuttgart – Wien
S. 46 © Dietrich Schulze, Langenselbold
S. 47 aus: Der Bunte Hund Nr. 63/2002, Beltz & Gelberg in der Verlagsgruppe Beltz, Weinheim und Basel; Fotos: © Carmen Rohrbach
S. 48 außer „Sternenhimmel" alle Abbildungen aus: Katy Couprie/Antonin Louchard, Mein Garten. Copyright © 2003 Éditions Thierry Magnier, Copyright © Katy Couprie, Copyright © Antonin Louchard, Copyright der deutschen Ausgabe © 2004 Gerstenberg Verlag, Hildesheim
S. 48 „Sternenhimmel": aus Katy Couprie, Antonin Louchard, Die ganze Welt, Copyright © 1999 Éditions Thierry Magnier, Bouafle, Copyright © Katy Couprie, Copyright © Antonin Louchard, Copyright der deutschen Ausgabe © 2001 Gerstenberg Verlag, Hildesheim
S. 60 Jan Brueghel der Ältere: Einzug in die Arche Noah, © Artothek, Weilheim
S. 58/59 Klaus Wefringhaus, Braunschweig
S. 62 links Cover: Jürgen Gebhard, Fledermäuse, © 1997 Birkhäuser Verlag, Basel
S. 62 rechts © Benny Odeur/Wildlife Pict./Okapia
S. 65 links Cover: Miriam Schlein, Die Zeit mit dem kleinen Panda, Umschlagillustration: Caroline Maroth-Riedel, © 2000 by Ravensburger Buchverlag Otto Maier GmbH, Ravensburg
S. 65 rechts © Bildarchiv Okapia, Frankfurt/K. & L. Laidler/ OSF
S. 68 oben Das NaturTageBuch, hrsg. von der BUNDjugend Baden-Württemberg, Copyright © 1998 by Rowohlt Taschenbuch Verlag GmbH, Reinbek bei Hamburg
S. 68 unten Cover: Dreyer-Pott-Roché, Der Wald und seine Stimmen, mit freundlicher Genehmigung des Kosmos Verlags, Stuttgart © 1999, 2001
S. 69 links Cover: Der große Ravensburger Naturführer, Umschlaggestaltung: Klaus Schmieder, © 2001 by Ravensburger Buchverlag Otto Maier GmbH
S. 69 rechts Cover: Mein buntes Naturlexikon, © 2004 für die deutsche Ausgabe: arsEdition GmbH, München
S. 70 Kurt Schwitters: Ohne Titel (Collage aus dem Gästebuch von Katsteinitz, Hannover) , 1922
Collage, Bleistift und Tinte auf Stoff und Papier auf Papier, 28 x 23,5 cm, Archiv im Sprengel Museum, Hannover, Foto: Michael Herling/Aline Gwase, © VG Bild-Kunst, Bonn 2005
S. 71 Cover: Peter Daniel, Der Buchstabenberg, Illustrationen: Barbara Waldschütz, © 1997 by Edition Splitter, Wien
S. 72, 74, 75, 80, 81 aus: Sehen – Staunen – Wissen: Schrift. Von den ersten Bilderschriften bis zum Buchdruck, Laurence Pordes, © Dorling Kindersley, Courtesy of The British Library
S. 73 aus: Odile Limousin, Die Geschichte vom Papier, Illustrationen: Béat Brüsch, © 1984 Editions GALLIMARD, Paris
S. 76–79 aus: Andrea Liebers, LI NA und der Kaiser, Illustrationen: Silke Tessmer, © Peter Hammer Verlag GmbH, Wuppertal 2000
S. 80 (chinesische Schriftzeichen) aus: Edoardo Fazzioli, Gemalte Wörter, 214 chinesische Schriftzeichen – vom Bild zum Begriff, Marixverlag, Wiesbaden
S. 82/83 aus: Das Fabelbuch von Aesop bis heute, illustriert von Silke Leffler, Copyright © 2003 by Annette Betz Verlag im Verlag Carl Ueberreuter, Wien – München
S. 85 aus: Jean de La Fontaine, Sämtliche Fabeln, Illustrationen: Grandville, © 1978 Artemis Verlag, München/© 2002 Patmos Verlag, Artemis & Winkler Verlag, Düsseldorf und Zürich
S. 92 oben © AKG images, Berlin
S. 92 unten, 95, 96 aus: Erich Ballinger, Der Höhlenmaler, Copyright © 2000 by Verlag Carl Ueberreuter, Wien
S. 100–101 aus: Familie Feuerstein – kuriose Erfindungen, © 1994 deutsche Ausgabe Bedrock Press by Idee und Konzept Verlag GmbH, München
S. 102 aus: Edgar Allan Poe, Der Goldkäfer und andere Erzählungen, Illustrationen: James Prunier, © Gallimard Jeunesse, Paris
S. 104, 107 aus: Astrid Lindgren, Kalle Blomquist, © Verlag Friedrich Oetinger, Hamburg 1996
S. 107 CD: Astrid Lindgren, Kalle Blomquist, © 2002 Universal Music GmbH
S. 111 aus: Die Lakritzbande – Aktion Gelber Drache von Julian Press, Verlag Random House, 2000
S. 112 Cover: Cornelia Funke, Herr der Diebe, © Cecilie Dressler Verlag, Hamburg; Hörbuch: Cornelia Funke, Herr der Diebe, © 2002 by Jumbo Neue Medien Verlag GmbH und Cecilie Dressler Verlag, beide Hamburg
S. 115 ausländische Cover: Herr der Diebe: Frankreich: Le prince des voleurs, © Hachette Jeunesse, Paris; England: The Thief Lord, © The Chicken House, London; Japan: © Wave Publishers, Tokio/Japan
S. 117 Porträt Cornelia Funke: © Cecilie Dressler Verlag, Hamburg; Cover: Cornelia Funke, Emma und der Blaue Dschinn, © Cecilie Dressler Verlag, Hamburg 2002; Cover:

Cornelia Funke, Drachenreiter, © Cecilie Dressler Verlag, Hamburg 1997; Cover: Cornelia Funke, Tintenherz, © Cecilie Dressler Verlag, Hamburg 2003
S. 118 © picture-alliance/dpa/Karin Zintz
S. 122 Paul Klee: Mit dem Adler, 1918
Aquarell auf Kreidegrundierung auf Papier auf Glanzpapier auf Karton; 17,3 x 25,6 cm, Zentrum Paul Klee, Bern, © VG Bild-Kunst, Bonn 2005
S. 124–129 Illustrationen von Jutta Bauer aus: Es war eine dunkle und stürmische Nacht, Copyright © 2001 Gerstenberg Verlag, Hildesheim
S. 132 Ernst Jentgens, 1972; © Stephanie Jentgens, Wuppertal
S. 134 © Jutta Richter, Ascheberg
S. 138 Cover: Jutta Richter, Der Hund mit dem gelben Herzen, © Carl Hanser Verlag, München/Wien 1998
S. 146 Cover: Cornelia Funke, Lilli, Flosse und der Seeteufel, veröffentlicht im Fischer Taschenbuch Verlag, Frankfurt 2000; © 1998 by arsEdition, München
S. 148 Cover: Christophs Experimente, Umschlag: Hildegard Müller, © Carl Hanser Verlag, München, Wien 2003
S. 150 Cover: Das visuelle Lexikon, Copyright © 1994 Dorling Kindersley Ltd., London
Deutsche Ausgabe Copyright © 1996, 2003 Gerstenberg Verlag, Hildesheim
S. 151 oben Cover: Renate Seelig, Es war ein König in Thule, © 2004 Gerstenberg Verlag, Hildesheim
S. 151 unten Cover: Kate DiCamillo, Despereaux. Von einem der auszog das Fürchten zu verlernen. Erschienen 2004 im Cecilie Dressler Verlag, © für die deutsch-sprachige Ausgabe: 2004 Deutscher Taschenbuch Verlag, München
S. 155 Cover: Das große Ravensburger Lexikon von A–Z, © 2004 Ravensburger Buchverlag Otto Maier GmbH, Ravensburg; Cover: Der Kinder-Brockhaus in vier Bänden, © für die deutschsprachige Ausgabe Bibliographisches Institut & F. A. Brockhaus AG, Mannheim 2001 Cover: Hans-Peter Thiel, Meyers großes Indianerlexikon, © Bibliographisches Institut & F. A. Brockhaus AG, Mannheim 1997
S. 157 © Info-Zentrum Schokolade, Leverkusen
S. 158 © Bildarchiv Okapia, Frankfurt/Ingo Arndt
S. 158 www.blinde-kuh.de, © 1997–2005 Birgit Bachmann und Stefan Müller
S. 159 www.kindernetz.de, © SWR 2005
S. 162 links Cover: Der große Ravensburger Naturführer, Umschlaggestaltung:
Klaus Schmieder, © 2001 by Ravensburger Buchverlag Otto Maier GmbH
S. 162 rechts Cover: Stephane Durand, Guillaume Poyet, Das Geheimnis der Zugvögel, Copyright der deutschen Ausgabe © 2002 Gerstenberg Verlag, Hildesheim
S. 172 links © Bildagentur Mauritius/Habel
S. 172 rechts © Bildagentur Mauritius/Boris-Deuter

Lösungen

Die Schatzinsel
S. 4/5 Wir suchen mutige und schlaue und starke und unerschrockene und abenteuerlustige Leseratten. Wir haben eine Schatzkarte gefunden. Wir können aber nicht gut lesen. Wir brauchen schlaue und pfiffige Leser wie euch. Die Hälfte des Schatzes gehört euch. Ehrenwort! Kommt an Bord!
S. 7 **Kompass**
S. 8 **Tau:** Befestigt mit diesem Tau euer Schiff an der Palme und macht so viele Knoten wie ihr könnt, damit niemand euer Schiff stehlen kann. Probiert schon mal einen Knoten aus.
S. 9 **Fernrohr:** Steigt nach der Ankunft sofort auf die Palme. Mit diesem Fernrohr könnt ihr hinter dem dichten Wald eine Höhle an der Felswand entdecken. Dort ist der Schatz vergraben. Aber seid auf der Hut. Die Sansibarbande weiß, dass auf der Insel ein Schatz vergraben ist. Sie beobachten euch. Erst am Fluss könnt ihr sie abhängen.
S. 10 **Beil:** Geheimschrift: Wald . breiter Fluss . Bäume fällen . aus Bäumen Boot bauen . mit Boot über breiten Fluss fahren
S. 11 **Flasche:** Liebe Schatzsucher, der Weg zur Höhle ist weit, die Sonne brennt sehr heiß, die Luft ist ganz trocken. Da ist es gut, wenn ihr eine Flasche dabei habt und etwas Wasser trinken könnt. Nehmt diese Flasche mit an Bord, und vergesst den Korken nicht. Euer Einauge
S. 12 **Leiter:** Die Höhle ist an einer steilen Felswand. Aber mit dieser Leiter schafft ihr es ganz sicher. Habt ihr auch alles dabei? Leiter, Flasche, Beil, Fernrohr, Tau, Kompass
S. 13 **Fackeln:** Liebe Schatzsucher, in der Höhle ist es sicher sehr dunkel. Damit ihr etwas seht, braucht ihr Fackeln. Womit wollt ihr sie aber anzünden? Habt ihr denn Streichhölzer dabei? Nein? Denkt an frühere Zeiten. Die klugen Steinzeitmenschen machten mit Feuersteinen Feuer. Vielleicht findet ihr auf der Insel auch welche. Euer Einauge
S. 14 **Zollstock** oder **Meterstab**
S. 15 Der Name der Insel ist: Panileas

Ein Fall für Spürnasen
S.104 1e, 2c, 3f, 4a, 5b, 6d
Für das 7. Zimmer gibt es keinen Schlüssel.
S.105 Die versteckte Nachricht lautet: „Vorsicht, wir werden beobachtet."
S.106 Die Schuhe mit flachem Absatz von Frau Krause haben die Spuren hinterlassen.
S.107 Die Reifenspuren gehören dem gelben Kombi.
S.108 Der Schlüssel hängt an der Hosentasche des Gärtners.
S.109 Seine Pfeife liegt im Aschenbecher.

Drei in der Espressobar
S.110 Mann mit Schnurrbart: Carlos
Mann mit Zigarre: Slicker
Mann mit Hut: Pug

Herausgegeben von
Prof. Dr. Annegret von Wedel-Wolff, Schrozberg
Prof. Dr. Manfred Wespel, Schwäbisch Gmünd

Erarbeitet von
Claudia Crämer, Eislingen
Annette Graf, Waiblingen
Dr. Stephanie Jentgens, Wuppertal
Dr. Kathrin Waldt, Hannover

Unter Verwendung
einzelner Ideen aus dem Mobile 4 Lesebuch,
Ausgabe Bayern (erarbeitet von Heidi Grunert,
Margit Lermer, Gerhard Langer)

Unter Beratung von
Franz Hecking, Neuwied

Illustrationen von
Birgit Antoni, Wien
Merle Bormuth-Bechtold, Lana
Antje Damm, Nürnberg
Maria Lechner, München
Oda Ruthe, Braunschweig

Fotos von
Klaus G. Kohn, Braunschweig
Klaus Welfringhaus, Braunschweig

Zum Lesebuch **Mobile 4** gehören:

Schülerband, 192 Seiten, ISBN 3-14-12 0224-9
Lehrermaterial, ISBN 3-14-19 0224-0
Kopiervorlagen, 80 Seiten, ISBN 3-14-19 0227-5
Ordner mit Register, kostenlos, ISBN 3-14-19 50000-8

Druck A[1] / Jahr 2005
Alle Drucke der Serie A sind im Unterricht parallel verwendbar.

Redaktion: Ruth Mühlenhoff
Lay-out: Annette Henko
Seitenaufbau: tiff.any GmbH, Berlin
Umschlaggestaltung: Thomas Schröder
Druck und Bindung: westermann druck GmbH, Braunschweig

ISBN 3-14-**120224**-9